L'EVOLUZIONE

di

DIO

COME PORTARE PACE E ARMONIA TRA SCIENZA E RELIGIONE

MICHAEL E. BASH

QUESTO LIBRO È PUBBLICATO DA

Imagined Interprises, Inc.

Testo © Michael Bash
Copertina © Michael Bash

Senior Editor dei contenuti - Roberta Edgar

Editor dei contenuti - Maxwell Alexander Drake

Revisore - Sharon Nisin

Pubblicato negli Stati Uniti da Michael Bash 9075 W. Diablo Drive

3rd Floor

Las Vegas, NV 89148

www.evolutionbygod.com

Pubblicato da Ink & Quill Publishers

ISBN: 978-0-9992830-0-4 (Paperback)

Terza edizione: febbraio 2015

Stampato negli Stati Uniti d'America

Copyright Library of Congress TXu 1-813-187

Questo libro è dedicato alla memoria dei miei genitori, Meir e Ahuvah Bash, e a mio nonno, Dov Ber Bash.

A mia madre, che mi ha insegnato ad amare Dio e ad "amare il prossimo tuo".

A mio padre, che mi ha insegnato il valore di Dio e dei soldi.

A mio nonno, chimico e studioso del Talmud, che mi ha insegnato ad amare il Talmud e ad apprezzare la scienza.

Al mio bisnonno di nona generazione, il Rabbino Schneur Zalman di Liadi (il "Rebbe"), autore del *Tanya*, il cui spirito è con me tutti i giorni della mia vita.

RINGRAZIAMENTI

Scrivere un libro è un lavoro di squadra. Desidero ringraziare tutti i membri della mia eccezionale rete di supporto e del team creativo, senza i quali questo libro non avrebbe mai visto la luce.

I miei più sinceri ringraziamenti vanno a:

Al rabbino Harold Kushner, autore del best seller *Ma cosa ho fatto per meritare questo? Quando le disgrazie capitano ai buoni*, per avermi fatto dono del suo tempo, delle sue doti e della sua saggezza con l'esauriente recensione di questo libro.

Agli illustri scienzati Victor Stenger (ex collega del New Jersey Institute of Technology) e Gerald L. Schroeder per il loro sostegno professionale.

Ai prestigiosi autori Richard Dawkins e al compianto Christopher Hitchens, all'intera community di autori atei (oltre ai tantissimi anonimi scrittori e predicatori fondamentalisti religiosi), per avermi fornito infinito materiale per gli argomenti qui trattati.

A Polina Chebotareva, per avermi costantemente incoraggiato e stimolato a portare a termine questo nobile progetto.

A Roberta Edgar, scrittrice e redattrice, che mi ha aiutato a concretizzare i miei pensieri, ha arricchito la mia narrativa, elevando il mio materiale a nuove ed altissime vette.

Un ringraziamento speciale va a Dio per aver reso possibile tutto, compreso il trasformare un uomo d'affari come me in uno scrittore.

INDICE

PREFAZIONE

Salve,

mi chiamo Maxwell Alexander Drake e sono un drammaturgo e autore pluripremiato di testi di fantascienza e romanzi a fumetti. Forse ti starai chiedendo perché un tipo come me si sia appassionato a un progetto del genere. Mi sono posto la medesima domanda quando il progetto ha trovato me. Dico così perché è l'unico modo per descriverlo.

Mi è stato proposto di collaborare a un musical con Michael Bash. Ci siamo conosciuti così. Pensare che io e Michael potessimo avere qualcosa in comune, per non parlare di fedi religiose compatibili, è tanto inverosimile quanto pensare che un autore di fantascienza possa lavorare a un libro sulla religione.

Siamo diversi sotto molti aspetti. I figli di Michael sono più grandi di me, quindi di certo non siamo cresciuti nella stessa epoca. Michael è cresciuto seguendo la fede ebraica, mentre io sono cresciuto in una famiglia cristiana.

Michael ha una formazione tecnica, mentre la mia è sempre stata rivolta al mondo dell'arte.

Dopo esserci conosciuti, però, le nostre conversazioni sono scivolate su un argomento che appassiona entrambi: la religione. Sono sempre stato in conflitto in fatto di fede con gran parte della mia famiglia, che tende eccessivamente al fondamentalismo cristiano, il che non mi ha trovato mai d'accordo.

Non sono mai riuscito a pensare "è scritto nella Bibbia, quindi ci devo credere". In realtà, più leggevo la Bibbia e più notavo incongruenze. Ricordo una conversazione con mia nonna, che mi chiese perché mettessi sempre in discussione la Bibbia. Non potevo limitarmi a seguire ciò che Dio dice nel "Suo libro"? La mia risposta fu semplicissima. Le dissi: "Beh, credo che se Dio non avesse voluto che io mettessi in discussione il 'Suo libro', non mi avrebbe dato la libertà di pensiero".

Ed è proprio ciò che ho trovato nella mente di Michael Bash—un uomo pronto a rompere le convenzioni delle religioni: allontanarsi da quanto gli è stato imposto di credere per fare una ricerca personale. È una persona non solo pronta a porre domande, ma anche disposta ad accoglierne le risposte.

Mi auguro troverai questo libro interessante come lo è stato per me.

—Maxwell Alexander Drake, Las Vegas, settembre 2014

INTRODUZIONE

Ehyeh! (Eh-heh-yéh) è una parola strana, ma può cambiare il mondo.

Ehyeh! Il suo vero significato è stato guastato da un errore di traduzione più di un millennio fa, e a tutt'oggi resta un segreto ben custodito. Solo da poco ho scoperto la potenza della sua forza. Con questo libro il mio obiettivo è quello di rivelare al mondo l'importanza del suo significato allo scopo di:

1) risolvere la controversa disputa sull'evoluzione e mettere finalmente pace tra scienza e religione;
2) ristabilire l'importanza del ruolo di Dio nella vita di milioni di persone;
3) accompagnare le nuove generazioni di Cristiani ed Ebrei su un affascinante percorso verso la spiritualità e la serenità;
4) offrire prove ragionevoli dell'esistenza di Dio.

Ehyeh! Sfogliando queste pagine conoscerai l'affascinante storia di questo termine, le sue enormi implicazioni per l'universo e il suo impatto sulla nostra comprensione e percezione di Dio, della Bibbia e di tutta l'umanità.

Ehyeh! Leggerai inoltre della Bibbia Orale come strumento di aggiornamento della versione scritta, senza però sminuire la credibilità del suo messaggio. Scoprirai come, ignorando questo strumento fondamentale, il Cristianesimo e i suoi principi sono rimasti ancorati all'Età del Bronzo. Affinché la religione possa essere efficace e rilevante, deve evolvere di pari passo ai credenti di cui è al servizio.

Ehyeh! Un Dio personale che ci ascolta e risponde alle nostre preghiere è un concetto per molti difficile da accettare.

Sicuramente i deisti non credono alla Sua esistenza, e molti scienziati immaginano che Lui non possa rispondere a milioni di preghiere contemporaneamente. Tuttavia, ho scoperto la prova che Lui può farlo. In queste pagine leggerai di Lui come di un social e scoprirai anche che Dio è vivo e naviga in internet.

Ehyeh! Ulteriori studi trattano altri aspetti controversi della Bibbia e delle nostre credenze in fatto di religione e scienza. Sono convinto che se apri la mente a queste nuove interpretazioni di antichi concetti, ti sentirai risollevato e avrai una visione nuova del mondo e del tuo ruolo nella sua evoluzione.

Ehyeh! Perché ho ripetuto sette volte questa straordinaria parola? Una volta in meno e non avresti potuto afferrarne il messaggio.

—Michael Bash, Las Vegas, febbraio 2015

CAPITOLO 1

Cerchiamo punti in comune

Come fanno a completarsi a vicenda scienza e religione, mi chiederai? Bene, ottima domanda.

Prima di rispondere, però—o meglio, prima che tu possa essere pronto ad accettare la mia risposta—dobbiamo stabilire delle regole.

Se sei un fondamentalista religioso, che crede profondamente che la Bibbia **è la Parola di Dio** e pertanto inconfutabile, dovrai aprire la mente. Qualsiasi persona munita di intelligenza deve ammettere che nella Bibbia ci sono delle incongruenze. Niente paura: con questa affermazione non indebolisci la tua fede, né tantomeno sminuisci la religione o Dio.

Non dimenticare che se hai fede in Dio, devi anche credere che Lui sapesse cosa stava facendo quando creò la Bibbia. Quindi, se ci trovi incongruenze ma neghi la loro esistenza, non neghi anche il progetto di Dio in base alle Sue affermazioni? D'altro canto, se ti consideri ateo perché mancano le prove di un Dio creatore, forse sarai sufficientemente aperto ad accogliere le potenziali nuove prove che ti vengono offerte.

A tal fine, propongo a credenti e non credenti di leggere l'Esodo 3:14. Molte traduzioni rendono diverse interpretazioni di questo passo trascendentale.

La Nuova Versione Internazionale (©1984), la New Living Translation (©2007), la versione ufficiale in inglese (©2001), la nuova versione ufficiale americana (©1995), la versione GOD'S WORD® (©1995) e la World English riportano la medesima traduzione:

Dio disse a Mosè: "IO SONO COLUI CHE SONO".

La King James Bible (Cambridge Ed.), la King James 2000 Bible (©2003), l'American King James Version, l'American Standard Version, la Darby Bible Translation, nella versione riveduta e corretta, e la Bibbia tradotta da Webster usano la seguente traduzione:

E Dio disse a Mosè: "IO SONO COLUI CHE È".

La Bibbia di Douay-Rheims fornisce la seguente traduzione:

Dio disse a Mosè: "IO SONO CHI SONO".

La traduzione di Young rende la frase come segue:

E Dio disse a Mosè: "IO SONO COLUI CHE SONO".

Il problema è che nell'ebraico antico, l'espressione Ehyeh asher ehyeh ha una connotazione estremamente diversa dalla traduzione comunemente accettata "io sono". In ebraico per dire "io sono" si usa l'espressione heenenee. "Ehyeh asher ehyeh" letteralmente significa "io sarò ciò che sarò" o "io sarò colui che sarò".

L'aspetto peggiore di questo errore di traduzione è che il termine "Ehyeh" è utilizzato 43 volte nel Vecchio Testamento e solo qui, in questo unico passo, è tradotto in modo errato. In tutti gli altri passi è reso come "io sarò". Per animare la discussione, solo due passi prima (Esodo 3:12), il termine è utilizzato correttamente quando Dio dice: "io sarò con te". Quindi troviamo due passi separati ma vicinissimi, ed entrambi usano lo stesso termine, ma con significati estremamente diversi. Eppure questa versione errata e palesemente difforme della Bibbia è sopravvissuta per moltissime generazioni di aggiornamenti in tutto il mondo.

Ad ogni modo, in diverse traduzioni della Bibbia (per esempio la NIV, la IBS e le New Living Translation Bibles), è spuntata fuori una piccola nota a piè di pagina, nella quale è indicato che "Ehyeh" può anche essere tradotto "io sarò colui che sarò". Magari ti starai chiedendo perché questa traduzione errata può essere importante per le nostre due fazioni contrapposte, ma se consideri le ramificazioni ai fini di questo passo, la guerra è finita.

Al fondamentalista cristiano dico: per te la Bibbia è la Parola di Dio e pertanto è inconfutabile. Bene, secondo me Dio, a parole Sue (e non secondo le diverse traduzioni pubblicate dopo migliaia di anni) voleva dire "sto evolvendo".

Questa traduzione errata della Bibbia, tra le tante, rappresenta nient'altro che un punto di svolta dal punto di vista dell'ateo, che si chiede: "Se Dio è perfetto, perché cambia nella stesura della Bibbia?" Così mette anche fine alla controversia sull'età della Terra e sulla creazione dell'Uomo. Se Dio evolve e l'Uomo è fatto a Sua immagine e somiglianza, ne consegue che anche l'Uomo evolve.

Analizziamo ora ciò che disse Dio a Mosè nel seguente verso:

> Dirai agli Israeliti: "Il Signore, il Dio dei vostri padri, il Dio di Abramo, il Dio di Isacco, il Dio di Giacobbe mi ha mandato a voi. Questo è il mio nome per sempre; questo è il titolo con cui sarò ricordato di generazione in generazione".

Pensa un attimo all'impatto di questo passo sulla tua fede. Prima Dio dice che sta evolvendo, poi comanda: "Questo è il mio nome perpetuo e così mi chiameranno i vostri figli, i vostri nipoti, ecc. per tutta l'eternità". Praticamente è come se mi presentassi come Michael, ma d'ora in poi tu decidessi di chiamarmi Bob.

Al fondamentalista ateo dico: per te Dio non esiste perché nessuno può fornirti prove inoppugnabili. Non dimenticare che questi passi sono stati scritti alla fine dell'Età del Bronzo, quando non si aveva idea del perché il sole sorge e tramonta ogni giorno. Non dimenticare inoltre che i popoli di quell'epoca—ma anche l'uomo moderno—avevano difficoltà ad accettare un Dio imperfetto, il che probabilmente ha causato l'errore di traduzione.

Non riesci ad accettare la possibilità che se qualcuno si è preso la briga di spiegare l'evoluzione durante l'Età del Bronzo, magari ne sapeva qualcosa della creazione dell'uomo, che fino ad allora era un concetto insondabile per la sua gente?

Per esempio, prendiamo un bambino che chiede ai genitori com'è venuto al mondo. Per rispondere adeguatamente rispettando l'innocenza del piccolo, i genitori in genere spiegano la nascita con parole estremamente semplici.

La stessa regola vale senz'altro per la Bibbia: quando gli uomini di quel tempo chiedevano a Dio come avesse creato l'uomo, nelle Scritture troviamo: "Il Signore plasmò l'uomo con polvere del suolo". (Genesi 2:7) Non è la descrizione dell'evoluzione più semplice che hai mai sentito? Considerando che ti hanno insegnato che l'uomo si è evoluto nel corso di milioni—o addirittura miliardi—di anni, l'uomo dell'Età del Bronzo, che non riusciva nemmeno a capire perché la luna fosse sospesa nello spazio, certamente non avrebbe avuto le capacità intellettuali per comprendere un simile spazio temporale.

Resta però una domanda: perché un'entità intelligente ha dato una spiegazione così semplice, a meno che non fosse consapevole che il suo popolo non era preparato a capirne la complessità?

Prova ad aprire la mente e ad accogliere la possibilità che 3.300 anni fa c'era un'intelligenza superiore come punto di riferimento per i popoli. Qualcuno dell'epoca non solo ha scritto di un Dio che evolve, ma ha anche tentato—non riuscendoci—di tramandare il vero nome di Dio di generazione in generazione.

Pensa un po': qualcuno ha proposto un concetto scientifico in un'epoca in cui la scienza era considerata quasi peggio della stregoneria e in più ha chiesto al lettore di tramandarlo all'infinito, ben sapendo che l'umanità non sarebbe riuscita a comprenderlo per diversi millenni.

Sono consapevole che probabilmente non accetterai completamente il ragionamento che ho proposto in questo capitolo, ma certamente—in quanto persona pragmatica—non potrai scartarlo.

Analizziamo alcune traduzioni letterali dei nomi ebraici che compaiono nella Bibbia. David è definito il "diletto". Gabriele è tradotto come "Dio è la mia forza". Raffaele significa "Guarito da Dio". Rachele significa "pecorella". Isacco significa "egli ride" ed è riferito alla sua improbabile nascita dalla madre novantenne, Sara, il cui nome significa "signora, principessa, nobildonna". Io mi chiamo Michael/Michele, che significa "chi è come Dio?". Nella Bibbia non esiste traduzione errata di nomi propri, popoli o luoghi geografici, ad accezione del non trascurabile nome di Dio. Quando sale sul monte Sinai, Mosè chiede a Dio come desidera essere chiamato, ed Egli risponde che il Suo nome completo è Ehyeh Asher Ehyeh, ma Mosè dovrà dire agli Israeliti "Ehyeh mi ha mandato a voi". Il nome che Dio si è attribuito per tutte le generazioni a venire è stato erroneamente tradotto in greco dal corretto "io sarò colui che sarò" all'errato "io sono colui che sono", e da allora è rimasto così. Tenuto conto che questo inspiegabile errore di traduzione è stato perpetrato per diverse migliaia di anni—e non un singolo studioso o esperto di linguistica si è mai pronunciato sulla sua rilevanza—l'unica conclusione plausibile è che questa "svista" sia stata ben studiata.

CAPITOLO 2

La Bibbia evolve

La Bibbia fu data da Dio a Mosè sul monte Sinai ed è stata letta e osservata dagli Ebrei per oltre 1.000 anni.

Fin dall'inizio gli studiosi si resero conto che il testo della Bibbia non era completo e nell'arco di 500 anni svilupparono e aggiornarono una Legge Orale, fondata sui principi trasmessi in origine verbalmente sul monte Sinai. Queste norme chiarirono la Bibbia Scritta, con spiegazioni e interpretazioni del testo.

La Bibbia Orale fu quindi adattata in forma scritta, il Talmud. Molto più tardi, nel 1563, il Shulchan Arukh (che in ebraico significa letteralmente "Tavola apparecchiata") divenne il Codice di Legge Ebraica. Arricchito di commenti, costantemente aggiornati fino a 100 anni fa, il Shulchan Arukh rappresenta la più ampia raccolta di norme Ebraiche che sia mai stata scritta.

In sostanza, i fedeli alla "verità letterale" della Bibbia credono alla verità letterale di una semplice traduzione. Il puro significato delle parole risuona con grande potenza tra coloro che la considerano parte della loro lingua viva. Il vernacolo moderno è spesso tradotto erroneamente da una lingua nativa in una meno conosciuta, e spesso si rischia di stravolgerne completamente il senso.

Un ottimo esempio è il famoso discorso che il Presidente John F. Kennedy fece durante la sua visita a Berlino e la citatissima frase "Ich bin ein Berliner". Intendeva dire, ed era convinto di aver detto, "Sono uno di voi".

Per un nativo di Berlino, quindi esperto di slang tedesco contemporaneo, Kennedy in realtà disse "sono un hamburger".

Se per gli americani è molto comune dire "sono newyorkese" o "sono bostoniano", la medesima traduzione non rende altrettanto bene in tedesco nel caso di "Berliner", in quanto i tedeschi usano quel termine per indicare un panino imbottito con carne tritata. Allo stesso modo, un americano si guarderebbe bene dal dire a un tedesco di Francoforte "I am a Frankfurter" ("sono un würstel", N.d.T.).

Duemila anni fa, quando il Cristianesimo adottò la dottrina della Bibbia, i fedeli erano evidentemente all'oscuro della Legge Orale, quindi non ebbero alcun modo di sfruttarne la logica e il sapere. Se lo avessero saputo, si sarebbero resi conto che la Bibbia non andava presa alla lettera—e per un valido motivo.

La vita si evolve. L'uomo si evolve. Anche la conoscenza fa altrettanto. Ogni generazione è più erudita della precedente. È pertanto assurdo pensare che un libro che tratta del mondo che ci circonda e scritto per una determinata generazione possa essere idoneo alle generazioni a venire, per sempre. Per esempio, un libro scritto 100 anni fa sulle pratiche di corteggiamento tra uomini e donne, suonerà palesemente antico per i nostri animi del XXI secolo.

La vita si evolve e altrettanto deve farlo la Bibbia. Visto che la Bibbia Orale consente alla Bibbia Scritta di evolversi, adattarsi, aggiornarsi e accogliere le nuove generazioni, non c'è motivo di attenersi alla verità letterale se la semplice logica lo sconsiglia.

CAPITOLO 3

La guerra tra scienza e religione

Nel libro *Le due anime del mondo* Deepak Chopra e Leonard Mlodinow affrontano il controverso dibattito tra scienza e spiritualità, ognuno dalla propria prospettiva di spiritualista e scienziato. Avrebbero potuto intitolarlo anche *La guerra tra scienza e religione*, ma proprio il fatto di aver escluso la religione dall'equazione è ciò che distingue questo interessantissimo libro dagli altri.

Sull'evoluzione, Chopra dice:

> L'evoluzione è la clava che la scienza ha brandito per abbattere la religione, e ogni volta che idee religiose minacciano di riprendere vita, la scienza si precipita a bastonarle. Tali idee includono, anzitutto e perlopiù, la perfezione di Dio. Secondo le varie religioni, la divinità non ha bisogno di diventare più intelligente, perché è onnisciente... Dopo avere dichiarato perfetto il creatore, le religioni non potevano dichiarare imperfetta la creazione; di conseguenza, l'universo non ha neppure bisogno di evolversi.

Questa è la base dell'ignoranza sui fatti che la chiesa si trascina dietro da secoli.

L'aspetto ironico nell'affermazione di Chopra, cioè che credere alla perfezione di Dio preclude la sua esigenza di evolversi, così come è assunto nella percezione comune di Dio, va in direzione diametralmente opposta a come Dio si presentò a Mosè sul monte Sinai (Esodo 3:14) dicendo: "Io sarò colui che sarò… questo è il mio nome perpetuo".

Con queste parole Dio lancia un messaggio che non è cambiato da allora: non dichiara di essere perfetto, ma di evolvere.

Quando i greci hanno trascritto la Bibbia, i traduttori non hanno voluto accettare il concetto che Dio non fosse già perfetto, quindi hanno scelto di tradurre erroneamente il Suo importantissimo messaggio come "Io sono colui che sono", lasciando intendere che Lui è già un essere divino, quindi perfetto. Un enorme stravolgimento del messaggio di Dio e da allora "Io sono colui che sono" è rimasta l'unica opzione per i fedeli, nonostante la netta prova del contrario. Il fatto che tutte le successive traduzioni della Bibbia siano dal greco e non dall'originale in ebraico chiarisce il perpetuarsi di questo errore.

Nelle più recenti traduzioni in inglese, solo in piccole note a piè di pagina è indicata la corretta traduzione dall'ebraico. Cosa succederebbe se tutti scoprissero l'enorme errore commesso 3.300 anni fa? Tanto per cominciare, l'annosa guerra tra scienza e spiritualità scatenerebbe l'immediato "cessate il fuoco" e tutta la letteratura sull'argomento, cosa non da poco, diventerebbe obsoleta all'istante. Inoltre, ovviamente, regnerebbe la pace tra le due diverse scuole di pensiero e unendo le loro forze si otterrebbe un progresso sociale senza precedenti.

Potrebbe rimanere però un problema con la religione, in quanto si basa su dogmi cementati nel tempo e pertanto modifiche e interpretazioni sono assolutamente fuori discussione. Alla base della scienza, invece, c'è l'incessante ricerca, che alimenta la nostra conoscenza dell'universo e delle creature che ci vivono. Per definizione queste due dovrebbero escludersi a vicenda ma, a differenza della Bibbia scritta, composta da capitoli e versi, la Bibbia Orale è strutturata in modo da accogliere, modificare e aggiornare le nuove scoperte e le più ampie interpretazioni. Attraverso la Bibbia Orale il popolo ebraico mette costantemente in discussione aspetti delle leggi Mosaiche e accoglie idee e concetti nuovi, comprese le scoperte scientifiche, accogliendo la crescente consapevolezza delle rispettive generazioni.

Quando fu fondato il Cristianesimo, la Bibbia Orale (o il Talmud) esisteva già da 1.500 anni. Non venne però incorporato nei testi sacri della nuova religione—molto probabilmente perché non è esistita in forma scritta fino a 500 anni dopo la stesura della Bibbia Cristiana. Se i primi Cristiani avessero potuto leggere e accogliere la Bibbia Orale, il concetto di "verità letterale" non avrebbe mai trovato posto nel loro dogma. Né crederebbero, tantomeno oggi, in un universo creato 6.000 anni fa, come troviamo nella Genesi, concetto del tutto confutato dalle moderne scoperte scientifiche.

Nonostante i ragionamenti arguti e provocatori offerti da Chopra e Mlodinow nel loro libro *Le due anime del mondo*, non mi aspetto di certo che miliardi di fedeli in tutto il mondo possano essere pronti a sostituire la sicurezza e la tranquillità che offre l'irremovibile fede in un Dio amorevole, onnipotente e "perfetto" con un'esistenza spirituale.

CAPITOLO 4

Errori comuni

In un articolo pubblicato sul Belief Blog della CNN, John Spong, un ex vescovo Episcopale di Newark, New Jersey, ha individuato tre grossi errori che secondo lui sminuiscono la credibilità della Bibbia.

Il primo errore da parte dei fedeli è il presupposto che la Bibbia sia una verità storica. In questo caso l'affermazione di Spong è corretta. Un'enorme fetta della popolazione mondiale considera la Bibbia un libro di storia e non ciò che in realtà è, cioè un libro di racconti liberamente basati su eventi che pare siano avvenuti nel mondo antico nell'arco di una manciata di migliaia di anni.

A prescindere da come si voglia considerare la Bibbia, realtà o fantasia, non viene sminuita la sua immensa forza che motiva, insegna e perpetua uno straordinario sentimento di orgoglio nei padri del popolo di Israele.

Un secondo errore, secondo il vescovo Spong, è la convinzione che la Bibbia sia, letteralmente, la Parola di Dio. Questa teoria sembra essere nata dall'episodio raccontato nella Bibbia, in cui Dio punisce gli egiziani infliggendo le Dieci Piaghe. Inoltre aiuta Giosuè (Giosuè 10:12) a uccidere il maggior numero di Amorei fermando temporaneamente il movimento del sole. Ordina poi a Re Saul (1 Samuele 15:1-35) il genocidio degli Amaleciti. Ulteriori prove a supporto della teoria di Spong le troviamo nelle pene capitali inflitte per aver disobbedito—in modo grave o meno—alle leggi di Dio. "Quale Dio farebbe questo?" si chiede il vescovo.

Ritengo, però, che l'analisi generale del vescovo Spong non sia corretta. Commette il medesimo errore che altri scrittori contemporanei commettono ripetutamente, compresi Richard Dawkins, Victor Stenger e Christopher Hitchens. Le brillanti carriere di ciascuno di essi si sono fondate criticando questo testo vecchio 3.300 anni—scritto specificamente per le menti primitive dell'Età del Bronzo—ma dal punto di vista moderno. Analizziamo un concetto molto importante: chiunque scriva un libro con l'obiettivo di influenzare la vita di un enorme numero di lettori, e farlo diventare un successo, deve sapere cosa vuole il suo pubblico per poterlo soddisfare. Il risultato finale sarà un libro ricco di storie e/o concetti che generano ammirazione, credibilità, rispetto e, soprattutto, consenso. Se la Bibbia avesse provocato scalpore e ire, già da moltissimo tempo sarebbe stata ridotta in cenere, così come l'autore o gli autori. Non è stato ovviamente il suo caso, infatti la Bibbia è a tutt'oggi il libro più amato nel mondo. Il libro non solo è sopravvissuto, ma la sua popolarità è più grande che mai dopo tre millenni.

Il suo successo è indiscutibile. La Bibbia è il libro di maggior successo che sia mai stato scritto, con 2,5 miliardi di copie vendute, ed è l'inconfutabile fondamento delle tre religioni predominanti, con un totale di quattro miliardi di fedeli nel mondo. Qual è la chiave del fenomenale successo della Bibbia? Essere stata scritta per la gente della sua epoca, che adorava e rispettava un Dio spietato con gli idolatri e con coloro che disobbedivano, in modo più o meno grave, alle Sue leggi.

Se da un lato per noi è difficile comprendere le brutalità contenute nei suoi capitoli, dall'altro i risultati parlano da soli e c'è poco da discutere. Se dall'inizio la Bibbia avesse dipinto un Dio amorevole e misericordioso, la Sua immagine di divinità onnipresente e onnisciente sarebbe stata sminuita. Il potere, in fondo, era tutto. E non lo è ancora?

Al vescovo Spong contesterei la conclusione che Dio potrebbe non aver scritto la Bibbia. Non abbiamo alcuna prova in entrambe le direzioni, ma chiunque l'abbia scritta, molto probabilmente a più mani, aveva un'eccezionale conoscenza della psicologia degli esseri umani ed è pertanto riuscito a veicolare esattamente quanto essi volevano sentirsi dire, guadagnandosi così le loro emozioni e la loro fede eterna. È stato veramente un successo clamoroso e difficilmente famosissimi autori moderni sarebbero disposti a sfidarlo.

Mettiamo il caso che domani qualcuno scriva un libro su un uomo timorato di Dio di nome Abramo, il quale ordina al suo più anziano e fidato assistente di andare per il mondo e trovare la moglie perfetta per il figlio Isacco, nonché di giurare solennemente che rispetterà fedelmente il suo compito, ma non mettendo la mano sulla Bibbia, come si usa oggi, ma "sotto la sua coscia". (Genesi 24:2) Un comportamento simile da parte di un uomo di così alta levatura ci sembrerebbe di dubbio gusto, per non dire oltraggioso, e saremmo portati a non credere a un episodio del genere. È come se il presidente degli Stati Uniti facesse prestare giuramento al presidente della Corte Suprema, ordinandogli di infilare una mano sotto la sua coscia, mentre l'episodio viene trasmesso in diretta in tutto il mondo. Quindi, anche se molti episodi biblici ci sembrano storie di fantasia, la Bibbia è stata accettata come assoluta realtà 2.000 anni fa. E per i 2,5 miliardi di cristiani dei giorni nostri, ogni singolo episodio contenuto nel Vecchio e nel Nuovo Testamento, a prescindere da quanto possano sembrare remoti rispetto al nostro secolare sistema di fede, è accettato come realtà al 100% o, per dirla meglio, Parola di Dio.

Tutto ciò serve a spiegare che, per diffondere la fede, basta convincere una o due generazioni. Da quel momento in poi, ogni generazione farà il lavaggio del cervello a quella successiva. All'infinito. Una volta acquisita durante l'infanzia come verità assoluta, non esiste al mondo logica o quantità di prove antitetiche in grado di poter convincere i fedeli ad abbandonare le loro certezze. A prescindere dal loro livello intellettivo o dalla palese assurdità delle loro credenze (una su tutte: "l'universo risale a 6.000 anni fa") si aggrapperanno saldamente alle proprie convinzioni. Questa è la forza della fede e della serenità spirituale che offre.

Un terzo, grosso errore citato da Spong è che la verità biblica è statica e inalterabile. Questo concetto in particolare trova origine nel fatto che i Cristiani ricevettero la Bibbia dagli Ebrei, che già la seguivano da oltre 1.000 anni. Nell'adottarla nelle proprie chiese, i primi Cristiani non inclusero la Bibbia Orale nei loro insegnamenti, in quanto non era stata ancora ridotta in forma scritta, e in seguito risultò troppo in conflitto con i principi già fissati dalla chiesa. Per gli Ebrei, al contrario, la forma orale era sempre stata parte fondamentale della dottrina religiosa, in quanto era ed è lo strumento attraverso il quale viene aggiornata la Bibbia Scritta, perché il tempo scorre e il mondo cambia.

Una delle modifiche apportate dalla Bibbia Orale fu concedere di applicare gli interessi sui prestiti in denaro, il che era proibito nella versione originale della Bibbia. Questa norma arcaica è ancora diffusa tra i Musulmani ed è stata la causa di molti problemi nel loro sistema bancario. Nel corso degli anni si è tentato con diversi e complessi metodi di bypassare questa norma, che impedisce un modello di business produttivo. Come riporta Wikipedia (www. wikipedia.com), la Sharia:

> vieta l'applicazione di interessi fissi o variabili e di accettare determinati interessi o costi (nota anche come *Riba* o usura) in materia di prestiti in denaro. Anche investire in attività che producono merci o servizi considerati contrari ai principi isla-mici è *Haraam* (proibito). Questi principi potrebbero essere stati applicati nel corso della storia dell'economia islamica, ma solo nel tardo XX secolo sono state create una serie di ban-che islamiche affinché venissero effettivamente applicati questi principi ad attività commerciali private o semi-private all'in-terno della comunità musulmana.

Contesterei il vescovo Spong quando afferma che la Bibbia non parla di religione. I primi quattro dei Dieci Comandamenti, come sono stati presentati a Mosè, esprimono in modo estrema-mente chiaro quanto Dio chiede al Suo popolo. Nell'esigere la sua venerazione, i comandamenti dicono: 1) non avrai altro Dio all'infuori di me, 2) non adorare falsi idoli, 3) ricordati del giorno di sabato per santificarlo, 4) non nominare il nome di Dio invano. Queste leggi sono profondamente religiose e non mostrano alcuna traccia di sensibilità secolari.

L'articolo del vescovo Spong termina dicendo che la Bib-bia evolve, perché Dio è rappresentato in modo diverso nell'arco di 1.000 anni—da collerico e vendicativo a giusto e benevolo.

Quando nacque il Cristianesimo, Dio era diventato un Dio universale, amorevole e indulgente. La mutazione dell'immagine di Dio può essere attribuita senz'altro al fatto che la Bibbia è stata probabilmente scritta da diversi autori nel corso di un periodo di tempo estremamente lungo, durante il quale gli esseri umani erano diventati in qualche modo più saggi, come si vede nelle rappresentazioni della Divinità. Già nel secondo libro del Vecchio Testamento (Esodo 3:14) Dio promette di evolvere col tempo. E, come spiega egregiamente l'ex vescovo Spong, Dio ha mantenuto la promessa.

CAPITOLO 5

Consapevolezza e cambiamento

Quando mi sono laureato in Ingegneria Elettronica al NJIT (New Jersey Institute of Technology), sono stato subito assunto dalla Weston Electrical Instrument Company di Newark, New Jersey, dove ho imparato tutti i segreti degli strumenti elettronici, e nel giro di poco tempo ho iniziato a realizzare una serie di invenzioni che ho brevettato. Una di queste ha avuto successo in tutto il mondo, facendo guadagnare milioni di dollari alla Weston Electric (in attesa di brevetto nel 1960, brevetto finale nel 1965).

Una di queste invenzioni era un dispositivo di sicurezza che faceva scattare un allarme quando veniva rilevato un problema all'interno dello strumento. Ci sono voluti tantissimi esperimenti e molto tempo per sviluppare il complesso circuito di questo allarme. Una volta completato, lo presentai ai dirigenti dell'azienda che mi riempirono di complimenti per il mio ingegno e mi diedero perfino un aumento. Quando diversi mesi dopo un'azienda concorrente andò in bancarotta e chiuse i battenti, Weston Electric assunse due dei suoi migliori ingegneri. Quando mostrai loro il mio dispositivo di sicurezza, uno di essi mi disse che era troppo complicato e che la sua azienda ne aveva realizzato uno

18

molto più semplice e che riusciva a fare altrettanto. Quando me lo mostrò, esso era talmente semplice che provai grande vergogna e rabbia per non esserci arrivato da solo. Cito questo episodio perché quando vedo religiosi e scienziati propinare all'opinione pubblica raffiche di argomentazioni stantie, la mia invenzione mi torna sempre in mente.

Esistono alcuni esempi per capire dove si incrociano scienza e religione.

Il primo è il classico caso in cui i membri di una delle due fazioni pubblicano un'infinità di articoli, libri e saggi a sostegno delle proprie tesi—un po' come una gara in cui ci può essere un solo vincitore. Alla fine però gli uni si dichiarano migliori degli altri, dichiarando vittoria unilateralmente.

Per il secondo diremo che scienza e religione non potranno mai essere in conflitto perché sono distinte e indipendenti l'una dall'altra, in quanto appartengono a due diversi magisteri. *La scienza si chiede "come", mentre la religione si chiede "perché".* È come voler equiparare le mele alle arance.

Il terzo esempio potrebbe essere quello di immaginare un dialogo in cui scienza e religione provano a imparare qualcosa l'una dall'altra.

Il quarto e ultimo esempio è quello che ho definito "Consapevolezza e Cambiamento", in cui scienza e religione si alleano senza conflitti, diventando il carburante della nostra concezione del mondo. Questa è la posizione illuminata che mi auguro potremo raggiungere prima o poi. Quella della consapevolezza e del cambiamento è l'unica via percorribile—e, sono convinto, la retta via—per porre fine a questo controverso tiro alla fune che nessuna delle due parti potrà mai vincere in modo incondizionato.

Prima della nascita della scienza, la Bibbia ha dettato il concetto di universo e dell'origine dell'uomo. Da essa l'uomo ha appreso le regole morali e ha conosciuto la creazione dell'universo e dell'umanità. All'epoca non è stata sollevata alcuna questione perché tutte queste informazioni venivano da un'unica fonte—la Bibbia. Dato che la chiesa aveva un'enorme influenza sulla gente, la Bibbia era considerata la principale e indiscutibile fonte di conoscenza.

Il problema è sorto con la nascita della scienza e la divulgazione delle sue scoperte. Il conflitto è scoppiato subito, in quanto la scienza esprimeva concetti diametralmente opposti a quelli della Bibbia. Perché questa discrepanza?

Perché la scienza è stata concepita da menti esposte all'esperienza e alla scoperta, mentre il Libro della Genesi era intrappolato nell'antico passato e totalmente chiuso rispetto all'evoluzione dei tempi e delle conoscenze. Se tutte le conoscenze della scienza moderna fossero state integrate nella Bibbia quando è stata scritta, il conflitto tra scienza e religione non durerebbe da secoli. Chiunque abbia scritto la Bibbia—Dio o l'uomo—lo ha fatto affinché la gente ci credesse, la adorasse e la rispettasse rimanendo influenzata dalle sue leggi e dai suoi valori. Questo è il motivo per cui è stata scritta. Raccontava alla gente di quell'epoca storie sulla creazione del mondo e dei suoi abitanti in una forma tale da poter trovare presa sulle loro conoscenze limitate, instillando anche un senso di orgoglio. Descriveva inoltre un Dio che poteva essere ammirato e venerato.

Le sensibilità possono cambiare drasticamente, anche in un periodo breve come 100 anni. Di recente ho letto un libro pubblicato all'inizio del XX secolo che dispensa consigli sulle buone maniere. Come uomo del XXI secolo l'ho trovato divertentissimo.

Se fosse stato scritto trenta secoli fa, mi sarebbe sembrato ancora più bizzarro. Come può la scienza discutere con un testo antico? Sarebbe come insegnare analisi matematica a un bambino dell'asilo e aspettarsi che venga promosso.

Uno degli ostacoli maggiori nel mettere pace tra scienza e religione è la storia della Creazione raccontata nella Genesi. È importante ricordare che la Genesi è stata scritta per una generazione che non era in grado di concepire un universo di 13,7 miliardi di anni. Nel mettere in discussione la credibilità della Bibbia, alcuni studiosi tentano invano di trovare chiavi segrete che rivelino la vera età dell'universo. Ma non è necessario. La Bibbia non ha bisogno di alcuna difesa.

Come può una persona intelligente e istruita sostenere razionalmente che le storie raccontate nella Genesi siano vere? Davvero qualcuno crede che Dio, o chiunque abbia scritto la Bibbia, sarebbe stato in grado di spiegare che l'universo aveva miliardi di anni e poi illustrare i principi dell'evoluzione come li conosciamo oggi? E se l'autore l'avesse fatto, la Bibbia avrebbe avuto il successo che continua ad avere?

Esattamente come per il mio dispositivo elettronico, per risolvere il conflitto tra scienza e religione esiste una soluzione molto più semplice di quelle che abbiamo visto finora. Studiosi e prestigiosi membri del clero hanno scritto un'infinità di libri e articoli per difendere le proprie posizioni e attaccare gli avversari. Portano avanti le loro tesi utilizzando metodologie molto complesse, come il progetto intelligente. Influenti a livello politico, introducono nei sistemi scolastici nazionali libri che difendono le loro inflessibili posizioni sulla Bibbia, spendendo milioni per piegare i capi di governo alla loro causa. Il tutto invano. E la guerra infuria.

Per illustrare l'influenza della consapevolezza e del cambiamento nella vita di tutti i giorni, racconterò un altro episodio personale: io e il mio commercialista siamo molto amici e pranziamo insieme due o tre volte alla settimana. Diversi anni fa ha seguito una dieta e, felicissimo del risultato, si è regalato un vestito molto caro e adatto alla sua nuova linea. Una volta lo ha indossato a pranzo e gli ho fatto moltissimi complimenti per il suo aspetto. Negli anni seguenti ha ripreso i dieci chili persi e ora è tornato come prima.

Tempo fa ha indossato il medesimo vestito per pranzo ed aveva un aspetto orribile: non era adatto a lui e i bottoni della giacca sembravano stessero per saltare via da un momento all'altro. Gli ho consigliato di andare da un sarto per le opportune modifiche. All'inizio mi ha risposto sostenendo che l'abito gli stava ancora bene—bastava solo non abbottonare la giacca. Alla fine del pranzo, però, mi ha dato ragione. La volta successiva che ci siamo visti a pranzo, ha indossato di nuovo il vestito, ma dopo l'intervento del sarto. Gli andava a pennello—anche meglio di prima, quando era dimagrito. E giù di nuovo con i complimenti.

La Sacra Bibbia, come un bel vestito, è stata realizzata per adattarsi all'uomo man mano che evolve.

Quando è stato scritto il Libro della Genesi, la Bibbia calzava a pennello alla mente limitata dell'uomo dell'epoca. Nel corso dei secoli, però, la conoscenza del mondo che lo circonda è aumentata, superando la Bibbia. I fedeli di oggi devono prendere coscienza che per rendere la Bibbia una fonte di informazioni più attendibili, è necessario modificarla volta per volta.

Quando uno scienziato fa un'affermazione sull'universo, questa è fondata su prove certe. Quando un religioso fa un'affermazione sull'universo e cita la Bibbia come prova, basa la sua tesi sulla sua interpretazione della verità di Dio. Ma quando lo stesso religioso riconosce che Dio non aveva altro modo per esprimersi se non quello scelto per la Bibbia, cioè adattandosi all'intelletto e alla sensibilità degli uomini di quell'epoca a quali Egli si rivolgeva, la polemica cessa immediatamente e l'unica soluzione realistica è la modifica della legge.

La Costituzione degli Stati Uniti offre un ottimo paragone con la Bibbia. È stata scritta per disciplinare le leggi di una nazione appena fondata. Quasi immediatamente dopo, nel 1791, i legislatori si sono resi conto che una serie di importantissimi aspetti non erano stati contemplati nella Costituzione, pertanto approvarono dieci emendamenti, noti come Dichiarazione dei Diritti, che sono stati scritti per tutelare i diritti naturali dei cittadini, come libertà e proprietà. Senza questi emendamenti e quelli che sono stati aggiunti nei secoli successivi, vivremmo secondo leggi ben diverse.

La Costituzione degli Stati Uniti e la Bibbia: uno è un documento vivo, modificabile in base ai tempi in cui viviamo, l'altro rimane ostinatamente radicato nei limiti obsoleti di un mondo antico. Per risolvere una volta per tutte questa vecchissima situazione di stallo, basterebbe seguire le fasi elencate qui di seguito:

CONSAPEVOLEZZA

1) Accettare che la Bibbia fu scritta affinché fosse accettata e venerata dai popoli antichi.

2) Accettare che la Bibbia aveva un'appendice, la Bibbia Orale—strumento fondamentale, la cui funzione principale era quella di aggiornare costantemente determinati passi e renderli attinenti alla razza umana in continua evoluzione.

3)   Accettare che Dio disse a Mosè che Egli evolve: "Io sarò colui che sarò". (Esodo 3:14) Se Dio evolve, il che è esattamente ciò che Egli dice, e noi siamo fatti a Sua immagine e somiglianza—non esiste altra conclusione se non affermare che anche noi evoluiamo.

4)   Il fatto che Dio si descriva come entità in evoluzione è anche prova ben evidente della Sua esistenza. Quale altro autore umano di 3.300 anni fa avrebbe descritto Dio in questo modo? L'uomo all'epoca non aveva una coscienza tanto sviluppata da poter fare un'osservazione del genere. Il concetto di Dio in evoluzione è estremamente difficile da accettare anche oggi.

CAMBIAMENTO

Le due semplici modifiche che per il momento servono alla Bibbia sono:

1)   Una piccola modifica alla Genesi 1:1: "In principio, molti miliardi di anni fa, Dio creò il cielo e la terra". Questo nuovo arco temporale elimina l'insensato concetto di un universo di 6.000 anni.

2)   Una nota a piè pagina dove si parla della creazione di Adamo ed Eva: "Questa storia è stata creata affinché i popoli antichi potessero comprenderla. È stato scientificamente dimostrato che l'uomo in realtà è stato creato sulla Terra attraverso un processo evoluzionistico iniziato miliardi di anni fa ed è ancora in corso".

Portando l'evoluzione all'interno della storia di Adamo ed Eva, il conflitto tra scienza e religione cesserebbe immediatamente.

Varrebbe la pena inserire un'ulteriore nota a piè pagina al racconto allegorico di Adamo ed Eva. L'Albero della Conoscenza e il suo impatto su Adamo ed Eva esprime in forma simbolica il viaggio evolutivo dell'uomo.

Dio ha fatto evolvere la singola cellula in un organismo pluricellulare, che lentamente è evoluto in una specie intelligente di creature completamente consapevoli di se stesse e del loro posto nell'universo—qualità esclusivamente umana. Si potrebbe dire che Dio non approvava che la specie umana possedesse questo livello di consapevolezza, perché avrebbe implicato anche il sopportare la sofferenza. Quindi, ipotizzando che Adamo ed Eva sono un'allegoria dell'evoluzione, è anche possibile comprendere il loro peccato mortale, non come conseguenza di una trasgressione, ma come un peccato collettivo ancora in corso.

La Bibbia si contraddice ripetutamente quando descrive la famosa storia del primo uomo e della prima donna sulla Terra. Nella Genesi 5:1 troviamo al riguardo: "Nel giorno che Dio creò l'uomo, lo fece a somiglianza di Dio. Li creò maschio e femmina, li benedisse… e lo chiamò Adamo". In precedenza, nella Genesi 4:13, si legge: "E Caino disse all'Eterno… sarò ramingo e fuggiasco per la Terra; e avverrà che chiunque mi troverà mi potrà uccidere". La risposta al terrore di Caino, Genesi 4:15 recita: "Ma il Signore gli disse: 'Però chiunque ucciderà Caino subirà la vendetta sette volte'. Il Signore impose a Caino un marchio, perché non fosse colpito da chiunque l'avesse incontrato". Oltre ai suoi genitori, chi altro poteva esserci sulla Terra che potesse trovare e uccidere Caino? La Bibbia non spiega mai questa lampante discrepanza.

Se la storia della Genesi deve essere accettata come allegoria, anche gli altri episodi della Bibbia dovrebbero essere accettati come tali.

John Polkinghorne, nel suo libro *Scienza e fede*, descrive l'allegoria o il simbolismo biblico come "un modo per esprimere la realtà troppo profondo per essere espresso in altra forma se non come racconto". Come esempio cita la Cacciata dal Paradiso, che troviamo nella Genesi 3.

> Letto letteralmente come evento ancestrale di tale potere distruttivo che ha portato la morte nel mondo, è ovviamente incompatibile con quanto sappiamo dell'evoluzione degli ominidi. Letto dal punto di vista simbolico, è di notevole profondità.

Diamo per scontato che Dio sia onnipotente, ma ciò non può essere vero. È estremamente costretto nei limiti del Suo stesso sistema. Il tema della sofferenza è particolarmente sentito dalle persone di fede, che puntualmente si chiedono: "Perché Dio permette che ciò accada?" Possiamo solo supporre che Dio intenda la sofferenza come parte della vita e non può alterare il Suo stesso sistema.

È inconcepibile che milioni di persone neghino l'evoluzione. La prova della sua esistenza è davanti ai nostri occhi.

Riflettiamo un attimo: Dio è in grado di creare un essere umano da un uovo fecondato? No. Per far nascere un essere umano ci vogliono nove mesi, dal concepimento al parto. Fatta eccezione per Adamo, del quale è scritto che Dio lo ha creato in un giorno, il ciclo di nove mesi è rimasto invariato perfino per la nascita del figlio di Dio, Gesù. Per farlo Dio ha dovuto fecondare una donna—Maria—affinché portasse in grembo un embrione attraverso le normali fasi di sviluppo per il numero di mesi necessario. Sembrerebbe che la sofferenza umana sia governata, e quindi limitata, dal medesimo sistema di regole.

Il principale conflitto tra religione e scienza è l'evoluzione, per i seguenti tre motivi: 1) per l'uomo è umiliante accettare il concetto di provenire da una specie animale inferiore; 2) la Bibbia dice che Dio ha creato l'uomo dalla polvere; 3) l'evoluzione è intesa più come teoria che prova scientifica, il che apre alla possibilità che non sia solo un concetto astratto.

Altre teorie, come quella della relatività, vengono maggiormente accettate perché non coinvolgono il nostro ego o mettono in discussione la nostra fede religiosa. È interessante sottolineare che è proprio Dio il primo a parlare di evoluzione nell'Esodo 3:14.

Dio evolve. L'uomo, fatto a Sua immagine e somiglianza, evolve. È un semplice caso di causa ed effetto. L'opinione generale è talmente radicata nella dottrina religiosa da rendere irrilevante la questione dell'evoluzione. Di contro, nonostante l'affermazione di Dio che questo è il Suo nome perpetuo che dovrà essere tramandato di generazione in generazione, la traduzione errata di un Dio immutabile è accettata come corretta, mentre quella di un Dio che evolve viene data per falsa.

ATTIVAZIONE

Quando la religione accetterà la prospettiva di abbracciare l'evoluzione come parte integrante della Bibbia, la causa alla radice del conflitto verrà estirpata e l'armonia diventerà la saggezza prevalente.

CAPITOLO 6

Dove sarà mai Dio?

Perciò il mio popolo conoscerà il mio nome; perciò saprà, in quel giorno, che sono io che ho parlato: ECCOMI.

(Isaia 52:6)

Il mercato letterario moderno è ricchissimo di opere di famosi atei, tra cui Richard Dawkins, Victor Stenger, Christopher Hitchens e molti altri nomi illustri—con il loro solito ritornello "mostrami le prove e ci crederò...". In un mondo sempre più influenzato dalla scienza, il loro scetticismo trova riscontro in quanto non abbiamo alcuna prova concreta dell'esistenza di Dio. In fondo, Dio è Dio e se Egli può veramente comparire davanti a noi—credenti o non credenti—in qualsiasi momento, perché non lo ha fatto per mettere finalmente a tacere il dibattito sulla Sua esistenza? Sappiamo tutti che sono 2.000 anni che non abbiamo Sue notizie, ma quando Mosè, i profeti e Gesù se ne andavano in giro, Egli era sempre a loro completa disposizione. Forse abbiamo detto qualcosa che l'ha offeso? Se sì, cosa?

Per diversi mesi, quando stavo scrivendo una serie di saggi su Dio e la Bibbia, il tema dell'assenza di Dio mi tormentava di continuo. Non riuscivo a trovare un valido motivo che giustificasse la Sua assenza per millenni. Prima ho fatto riferimento all'Esodo 3:14, nel quale Dio rivela a Mosè che il Suo nome in ebraico è Ehyeh Asher Ehyeh, che Egli stesso ha abbreviato in Ehyeh. Nonostante il rumore di sottofondo del cespuglio in fiamme, Egli riesce a rimarcare a Mosè l'importanza che il Suo nome resti indimenticato per sempre. Nessuno poteva conoscere la natura umana meglio di Dio, quindi sapeva che ci sarebbe voluto un po' di tempo prima che si diffondesse. Come già sappiamo, però, nonostante le precise istruzioni di Dio, il Suo nome è andato perso nella traduzione.

Si può solo giungere alla conclusione che non si è trattato solo di un errore del revisore. Il concetto di un Dio in evoluzione era, tanto per cominciare, un concetto non recepibile dai popoli dell'Età del Bronzo e, punto secondo, avrebbe avuto conseguenze potenzialmente sconvolgenti. Perché? Perché se Dio evolve, significa che non è già perfetto. Che tipo di implicazione ha tutto ciò sulla tradizione giudaico-cristiana, alla ricerca di una divinità onnipotente? Semplicemente enorme.

Tempo fa ho sognato che la mia defunta moglie veniva da me dicendo: "Vedo che stai scrivendo un libro su Dio. Pubblicalo il più presto possibile. Convincerai tutti quelli che credono nella Bibbia a cominciare a chiamare Dio con il Suo vero nome. In giro ci sono ragazzini che indossano magliette con la scritta 'Ehyeh' in ogni forma e colore. Vedo il Suo nome sui manifesti, autobus, auto, treni e aerei. Sento risuonare il Suo nome con slogan potenti, 'Alleluja, Ehyeh, nei secoli dei secoli', e radio e TV trasmettono canzoni in Suo nome. Ehyeh potrebbe addirittura avere una pagina Facebook, un account Twitter e un canale YouTube".

Si è trattato solo di uno strano sogno o di altro? Me lo domando. Non è stata la prima volta che mia moglie mi è comparsa in sogno e tutte le volte che lo ha fatto, i suoi messaggi si sono in qualche modo realizzati. Quindi magari ci potremmo riunire tutti e trasformare questo mio sogno in realtà per il bene dell'umanità. Forse se seguissimo il Suo comandamento e ricordassimo il Suo nome, magari Egli risponderebbe facendo atto di presenza. I fedeli non hanno bisogno di queste prove, ma molti di noi apprezzerebbero mettere un po' di nero su bianco. In ogni caso, una visita di Dio dissiperebbe la discordia tra le due scuole di pensiero, generando letizia per tutti.

E allora facciamolo come lo faremmo nel XXI secolo. Usiamo il potere di internet e del marketing del passa-parola per veicolare il nostro importantissimo messaggio. Insegniamo il Suo vero nome a miliardi di persone portando a compimento la profezia di Isaia 11:9: "poiché il paese sarà ripieno della conoscenza dell'Eterno, come le acque ricoprono il mare".

Per quanto possa sembrare incredibile, credo fermamente che se dovessimo chiamare Dio con il Suo vero nome e con assoluta conoscenza del suo significato, in qualche modo, da qualche parte, Egli ci darà prova scientifica della Sua esistenza. In quel preciso istante sapremo con certezza che Dio esiste e, contemporaneamente, Egli saprà che finalmente la razza umana ha afferrato il senso del Suo nome e l'assoluta verità della Sua essenza. Sarebbe un progetto emozionante: infonderemmo energia, entusiasmo e speranza a moltitudini di giovani e anziani su tutta la faccia della terra. Prova a immaginare gli Stati Uniti come "Una nazione per Ehyeh". O magari mentre viene intonato l'inno "Ehyeh Bless America", mentre i nostri cugini britannici cantano "Ehyeh Save the Queen".

Questo è il futuro in cui spero.

CAPITOLO 7

Buonsenso

Sul nostro pianeta Terra la guerra infuria. Una guerra che va avanti da secoli—da ben prima che la Chiesa Cattolica condannasse Galileo per eresia nella prima metà del 1600. Quella tra scienza e religione è una guerra senza spargimento di sangue, nella quale i soldati hanno livelli diversi di coinvolgimento e i più feroci sono gli estremisti di entrambi i gruppi nemici.

Sul fronte dei religiosi, i fondamentalisti del creazionismo lottano all'urlo di "Dio è perfetto, quindi la Bibbia è perfetta. Respingiamo la logica della vostra scienza!".

Sul fronte scientifico vediamo i fondamentalisti atei, che brandiscono appunti e microscopi dicendo: "Vogliamo le prove! Se non è tangibile, deve essere falso!". Il principale oggetto del contendere è: "Dio esiste veramente?". L'arma scelta da entrambe le fazioni è la Bibbia—Vecchio e Nuovo Testamento.

Chi combatte al fianco della religione crede di star difendendo la Bibbia—il libro sacro scritto da Dio in persona—in cui ogni frase è una composizione celestiale che deve essere percepita letteralmente e come verità assoluta. Dio non commette errori.

Chi combatte al fianco della scienza sostiene di difendere la logica. Sostiene che non è possibile credere in qualcosa che non può essere provato da almeno uno dei cinque sensi, tuttavia respinge i fatti che ha sotto il naso. Volendo screditare la Bibbia, rifiuta la natura divina del Vecchio e del Nuovo Testamento. Il suo obiettivo è di provare, attraverso la scienza, che Dio è un'illusione e pertanto non può esistere nel mondo moderno.

Entrambe le fazioni dimenticano di prendere in considerazione proprio i fatti che ruotano intorno all'oggetto del contendere—la Bibbia. È proprio la Bibbia, o più specificamente il nostro modo di concepire la Bibbia, ad essere la radice della guerra in corso.

Iniziamo da qui, partendo dai fatti che ruotano intorno alla Bibbia. Non dalle parole contenute tra le sue pagine, ma dalla creazione del libro stesso.

Il primo fatto è che la Bibbia è stata sviluppata nell'arco di un lungo periodo di tempo. Molti credono sia stata scritta più o meno in 1.000 anni, tra il 1.500 a.C. e il 500 a.C.

Ciò significherebbe che in molti, nell'arco di diverse generazioni, abbiano messo mano alla sua stesura. Tieni ben presente questo punto mentre andiamo avanti.

Il secondo fatto è che chiunque abbia scritto la Bibbia—sia esso Dio, i Suoi seguaci o semplicemente un gruppo di persone con fini ben precisi—lo ha fatto con un unico obiettivo: influenzare i suoi lettori. Era fondamentale che i suoi lettori ne accettassero il contenuto come pura e incontrovertibile verità.

Il che introduce il fatto numero tre: per poter essere convincente, e di conseguenza affermarsi, la Bibbia doveva essere scritta per i suoi contemporanei. E il suo impatto doveva essere ben maggiore di qualsiasi altro libro scritto in precedenza, dato che era intenzione dell'autore (o autori) tramandarla nei secoli a venire.

Difatti, il modo in cui il Vecchio Testamento descrive Dio, le Sue leggi, i Suoi comandamenti, fu recepito perfettamente dal popolo. La Bibbia fu venerata e ogni sua parola amata da chi la leggeva e ci credeva. Ebbe una tale influenza che i genitori la insegnarono con devozione ai propri figli, affinché le generazioni future potessero venerare la Bibbia come libro sacro e adorare Dio anima e corpo— esattamente come nell'intenzione dell'autore (o degli autori).

Tutti questi fatti devono essere presi in considerazione quando si discute su questo argomento.

Diamo ora uno sguardo ad alcuni esempi di come questi fatti vengono utilizzati nell'acceso dibattito.

LE INCONGRUENZE DI DIO

Quando si legge la Bibbia, vediamo Dio cambiare man mano che il libro va avanti. Nella Genesi è una divinità tribale, guardinga e vendicativa. Nei libri di Geremia e Isaia lo troviamo descritto come divinità più universale e compassionevole. Nel Nuovo Testamento è un dio amorevole che si infligge il massimo sacrificio.

Il fondamentalista ateo sostiene che questa è un'incongruenza che prova l'inesistenza di Dio. Il fondamentalista del creazionismo non ci trova alcuna incongruenza, in quanto la Parola di Dio è inconfutabile. Tuttavia nessuno prende in considerazione i tre punti che abbiamo visto, il che annulla entrambe le tesi.

La tesi del creazionista, che sostiene che non ci sia alcuna incongruenza, è difficile da sostenere in quanto il libro ne è pieno. Non basta dire "nella Bibbia non esistono incongruenze" perché questo sia vero.

Quindi ha ragione l'ateo, giusto? Sbagliato. Nella tesi dell'ateo non vengono presi in considerazione i tre fatti relativi al come e al perché la Bibbia è stata scritta. Se usasse il buonsenso, capirebbe meglio perché nella Bibbia Dio è descritto in quel modo.

La prima volta che la Bibbia è stata consegnata all'uomo, il mondo era un luogo diverso rispetto a com'era nel 500 a.C., e sicuramente a com'è oggi. Tanto per cominciare, in quel tempo la razza umana era composta prevalentemente da tribù e le faide tra i clan erano all'ordine del giorno. Affinché potessero credere in un Dio, questi doveva essere visto come altrettanto potente e risoluto. C'era bisogno di una divinità in cui poter riporre fede e speranza.

Abbiamo già discusso sul fatto che la Bibbia doveva essere scritta con uno stile recepibile dal popolo di quel tempo, ed è esattamente così che Dio è descritto nella Genesi: una figura autoritaria che esige rispetto.

Con l'andar del tempo, la razza umana diventa più potente e autosufficiente, quindi la sua divinità doveva diventare leale, più civilizzata. Il che è esattamente come viene raffigurato Dio nei libri della Bibbia pubblicati negli anni successivi. Significa che Dio è diverso da quello del Libro della Genesi? O si tratta dello stesso Dio che si adatta ai tempi che cambiano?

Andando avanti negli anni, troviamo un'umanità bisognosa di amore e compassione—che aspira a un futuro migliore per le generazioni a venire. Se leggiamo il Nuovo Testamento, scopriamo un Dio che si adatta perfettamente a questo modello di altruismo. Questo cambiamento prova che il Dio del Vecchio Testamento è diverso dal Dio del Nuovo Testamento? Secondo me rivela semplicemente un Dio sempre in evoluzione, che si adatta costantemente alle nuove esigenze della civiltà di cui Egli è al servizio.

Detto questo, ha ragione il creazionista? Assolutamente no! Secondo il creazionista non ci sono incongruenze nella Bibbia e difende questa tesi con veemenza, ignorando non solo la logica della scienza, ma anche le parole stesse che difende. Se sei alla guida della tua auto in città, non riuscirai mai a convincere i tuoi passeggeri che in realtà stai guidando un disco volante nello spazio. Lo stesso vale per la Bibbia. *Esiste* un'incongruenza nel modo il cui Dio si relaziona all'uomo. Sostenere che questa incongruenza *non* esiste ha semplicemente dell'irrazionale ed è proprio il ragionamento illogico ad allontanare così tante persone dalla religione.

Perché il creazionista ragiona in questo modo? La mia teoria è che è spinto dalla paura: se accettasse l'incongruenza di un particolare anche infinitesimale della Bibbia, tutto il sistema su cui poggia la sua fede andrebbe in pezzi.

Ad ogni modo, se sei una persona di fede, puoi senz'altro usare il buonsenso per vedere che le incongruenze nella Bibbia sono premeditate. Se il testo non fosse stato scritto in quel modo, probabilmente Dio non sarebbe riuscito a mantenere viva la fede dei Suoi seguaci nel corso dei secoli.

Quindi l'incongruenza non distrugge la fede. Dimostra semplicemente come lavora Dio per entrare in contatto con una società in costante evoluzione.

Tra l'altro queste incongruenze riguardano entrambe le fazioni: il creazionista può rassicurarsi sul fatto che il suo Dio è talmente intelligente da cambiare in base alle esigenze del Suo popolo. L'ateo ha ben modo di stupirsi per un libro che, scritto da così tante persone e nel corso di un lunghissimo periodo di tempo, è in grado di crescere e cambiare rimanendo tanto importante dopo così tanti secoli. Dovrebbe inoltre consentirgli di accarezzare l'idea che un'entità superiore potrebbe avere coordinato il progetto. In fondo, la regola cardine della scienza non è forse mantenere in vita un'ipotesi finché non esiste la benché minima possibilità di dimostrarla?

Questo ci porta al successivo e solito punto di dibattito tra scienza e religione.

COME PUÒ L'UOMO MODERNO CREDERE ALLA BIBBIA?

Un altro acceso dibattito riguarda il lessico utilizzato nella Bibbia. Il fondamentalista ateo sostiene che dato che la terminologia è obsoleta, Dio non esiste. Di contro, il fondamentalista del creazionismo continua ad urlare "la Parola di Dio è inconfutabile!".

Se osserviamo la questione dal punto di vista del creazionista, rimaniamo colpiti nel constatare che un uomo razionale che vive nella società contemporanea ha problemi con il testo biblico. Dire semplicemente "Dio è infallibile" non segna automaticamente un punto a favore del creazionista. Dimostra solo la sua incapacità di pensare di testa sua.

Prendiamo come esempio la modalità arcaica con cui si faceva una promessa solenne 3.300 anni fa in caso di prestito di denaro.

Non so tu, ma io mi rifiuterei decisamente di infilare la mano sotto la coscia di un altro uomo. Non mi aspetterei neanche una sua reazione positiva. Immagino che non solo non mi darebbe i soldi, ma mi farebbe anche arrestare per molestie sessuali.

Quindi ha vinto l'ateo? No. La sua tesi, non guardando ai fatti, fa acqua da tutte le parti, esattamente come quella del creazionista.

Facciamo finta che la Bibbia non sia mai esistita. A una persona qualsiasi viene in mente l'idea di un Dio personale, scrive un libro e lo chiama La Bibbia. Per qualche strano motivo, lo scrive esattamente com'è stata scritta la Bibbia 3.300 anni fa—stesse parole, stessa struttura, identica. L'uomo di oggi troverebbe credibile questo libro? Non credo. Verrebbe considerato fantascienza e, se l'autore insistesse sulla veridicità del suo racconto, in quanto trasmessogli dal suo "Dio", verrebbe subito considerato un emerito pazzo, perché il nostro modo di pensare è naturalmente più avanzato rispetto a quello dell'Età del Bronzo.

Questo significa che non possiamo studiare e imparare dalla Bibbia? Al contrario! Se usiamo il buonsenso, possiamo leggere la Bibbia e comprenderne il messaggio senza rimanere incastrati dal suo contenuto non plausibile.

Lo stesso ragionamento possiamo farlo al contrario. Se Richard Dawkins, fervente fondamentalista ateo, avesse scritto il suo libro *L'illusione di Dio* nello stesso periodo in cui è stata scritta la Bibbia, non sarebbe stato affatto capito. Non solo non sarebbe riuscito a convincere i popoli dell'Età del Bronzo che il pianeta Terra si trova all'interno di un complesso sistema solare, esattamente come miliardi di altri sistemi solari presenti nell'universo, ma probabilmente sarebbe stato lapidato a morte in quanto eretico. Mi stupisce vedere come un uomo brillante come Dawkins, che ha scritto libri eccellenti, sia cieco di fronte ai fatti che ruotano intorno alla creazione della Bibbia, rifiutandosi di usare le minime regole del buonsenso nell'avanzare le sue tesi.

Questo mi porta al principale motivo per cui sostengo che entrambe le tesi siano sbagliate. Non solo non prendono in considerazione i fatti che ruotano intorno alla creazione della Bibbia, ma entrambe citano episodi particolari della Bibbia, invece di trattare il libro nella sua totalità per sostenere queste tesi.

L'ateo critica i concetti e i pregiudizi antiquati della Bibbia. Però, nonostante la sua intelligenza, il suo buonsenso è sopraffatto dalle emozioni. Per l'ateo questo è un punto cieco. La Bibbia è ricca di saggezza, poesia e valori morali che poco hanno a che fare con l'esistenza o meno di Dio. Se non fosse un'eccezionale opera letteraria a livello secolare, quanto spirituale, da molto tempo avrebbe cessato di essere amata da miliardi di seguaci.

Lo stesso vale per il fondamentalista del creazionismo e la sua paura di accettare le incongruenze. Sull'onda del fervore e della fede cieca, difende la Bibbia come se fosse stata scritta per l'uomo moderno.

Abbiamo le prove scientifiche che l'età dell'universo è di circa 13,7 miliardi di anni. Possiamo formulare una teoria a riguardo, testarla e giungere al risultato previsto. Sappiamo che tutta la vita sulla Terra è stata creata grazie all'evoluzione. Anche in questo caso, è possibile applicare il metodo scientifico per dimostrarlo. Così funziona la scienza. È possibile creare un'ipotesi, testarla e, se il risultato previsto viene ottenuto ripetutamente, questa ipotesi può dirsi sensata.

Se le due fazioni di questa controversia usassero il buonsenso, non si sentirebbero obbligati a difendere o attaccare la Bibbia—si limiterebbero a prenderla per ciò che è.

Albert Einstein, il più grande scienziato di tutti i tempi, ha scritto:

> La tradizione ebraica contiene qualcos'altro, qualcosa che trova una splendida espressione in molti salmi cioè una sorta

di gioia inebriante e uno stupore per la bellezza e la grandiosità di questo mondo, di cui l'uomo può solo farsi una vaga idea. È il sentimento da cui la vera ricerca scientifica trae il suo sostentamento spirituale.

Inoltre, per elogiare gli insegnamenti della Torah, ha scritto:

> Per me la Torah (I Cinque Libri di Mosè), come interpretata nel Talmud (La Legge Orale) è semplicemente la più importante testimonianza della maniera in cui la concezione ebraica della vita dominava nei tempi antichi. L'essenza di quella concezione mi sembra risiedere in un atteggiamento positivo verso la vita di tutto il creato. La vita dell'individuo ha senso fintanto che aiuta nel rendere più nobile e più bella la vita di ogni cosa vivente... È chiaro anche che "servire Dio" era equiparato a "servire il vivente". I migliori del popolo ebraico, specialmente i profeti e Gesù, hanno lottato instancabilmente per questo.

I creazionisti—o altri fondamentalisti religiosi—sono invitati a comprendere che quando la Bibbia (la parte della Torah) fu trasmessa a Mosè, che a sua volta la presentò agli anziani di Israele, il popolo aveva moltissime domande, alle quali Mosè non tardò a rispondere. La Legge Orale fu creata proprio attraverso questo sistema di domanda e risposta. I fondamentalisti religiosi devono ancora capire che la Bibbia senza il Talmud non è completa—non è altro che una metà: la metà per lo più obsoleta.

Quello che sto cercando di dimostrare con questo libro è che la scienza e la religione sono complementari e possono essere di beneficio all'umanità solo se lavorano in armonia, non come forze opposte. Qualsiasi persona dotata di buonsenso può occuparsi di scienza e comunque credere in Dio e alla sacralità della Bibbia.

Il dibattito sulle teorie darwiniane della selezione naturale, dell'evoluzione o sulla teoria del Big Bang, non devono indebolire la fede religiosa. Solo perché la nostra specie ha una maggiore comprensione dell'universo, non significa che è superiore a Dio. Nella Bibbia ci sono sufficienti spunti che ci consentono di sentirci a nostro agio non solo nell'ampliare le nostre conoscenze, ma anche la nostra fede.

CAPITOLO 8

Dio è vivo e naviga in internet

Richard Dawkins, geniale scienziato/ateista, scrive quanto segue nel suo best seller *L'illusione di Dio*:

> Ipotizzare che il primo motore originale fosse così complesso da indulgere non solo nel progetto intelligente, ma anche nella lettura simultanea del pensiero di milioni di esseri umani, equivale ad assegnarsi una mano perfetta a bridge...
>
> Ipotizzare che la causa prima, la grande incognita... possa progettare l'universo e parlare a un milione di persone simultaneamente significa rinunciare del tutto alla responsabilità di trovare una spiegazione. È un'orribile dimostrazione di pigrizia mentale, la ricerca del famoso "gancio appeso al cielo" che ci evita di pensare.

Ebbene, ho una bella sorpresa per Mr. Dawkins. Che ci creda o no, la scienza e la tecnologia hanno le prove che Dio può dare ascolto a milioni di preghiere contemporaneamente e rispondere a ognuna di esse.

Scienziati e tecnici del genere umano hanno creato i motori di ricerca (ad esempio Google), in modo tale che milioni di persone possano porre qualsiasi tipo di domanda contemporaneamente e ottenere risposte immediate. Se gli umani, con le loro limitate capacità, possono riuscire in questa impresa, sicuramente Dio può fare molto meglio realizzando un sistema per rispondere automaticamente alle preghiere di tutti. Una volta installato il programma, Egli potrebbe perfino decidere di trasferirsi su altri pianeti o un altro paio di universi. Dopotutto è Dio.

Richard Dawkins ha due grossi problemi con Dio. Il primo lo abbiamo risolto con il gigantesco motore di ricerca. Ci rimane però l'altro problema: il progetto intelligente. Il teista difende Dio mostrando "l'irriducibile complessità" di organi come l'occhio o l'ala. Il suo punto di forza è che l'occhio non è in grado di vedere se ne manca un pezzo, quindi non può essere evoluto da una forma più primitiva. Stesso dicasi per l'ala, che non può funzionare in mancanza della minima parte. Non può essere evoluta da un'ala minore. Non esistono mezzi termini. Tuttavia, per confutare queste vecchie teorie, i biologi di recente hanno provato che sia occhi che ali hanno avuto la loro brava evoluzione. Fine della discussione.

I creazionisti non riescono a darsi pace rispetto a Darwin e alla sua teoria dell'evoluzione, in quanto credono che contraddica il significato letterale della Bibbia. L'interpretazione letterale della Bibbia dimostra grande fedeltà e amore nei suoi confronti, il che è ammirevole, ma quando si ama qualcosa in modo incondizionato, si tende a esagerare e la si difende a tutti i costi. Questo vale anche per l'interpretazione letterale, che si scontra con il buonsenso se riprendiamo in esame l'età della Bibbia, la lingua in cui è stata scritta e il popolo su cui intendeva fare colpo.

Grazie alla ricerca scientifica, abbiamo ottimi motivi per credere che la Terra ha miliardi di anni e non gli scarsi 6.000 che i fondamentalisti prendono dalla Bibbia. Non dimentichiamo che gli archeologi hanno scoperto civiltà ben più antiche. Tuttavia, potremmo essere d'accordo con la Bibbia e dire che l'uomo è stato creato dalla polvere. Quello che però la Genesi non dice è che ci sono voluti circa cinque miliardi di anni per far venire fuori da quella polvere esseri umani completamente sviluppati.

I creazionisti sono soliti raccontare una storiella, nella quale tra 1.000 anni un gruppo di scienziati scopre come creare un essere umano dalla polvere. Vanno da Dio e gli dicono: "Non abbiamo più bisogno di te. Possiamo creare gli esseri umani esattamente come te".

Dio sorride e risponde: "OK, fatemi vedere come fate".

Gli scienziati vanno a raccogliere la polvere, iniziano a lavorare, ma vengono fermati da Dio che gli urla: "Ehi, voi! La polvere che state usando è mia, andate a crearvi la vostra!"

Questa barzelletta suggerisce che chi vuole difendere la Bibbia non deve cercare falle nell'evoluzione o ricorrere a irriducibili complessità per schierarsi a favore del progetto intelligente. Per le loro prove, devono solo andare alla fonte, che è la Terra. Questa è la falla più grande di tutte, dal momento che è il punto di partenza della teoria di Darwin, con la quale lo scienziato illustra l'evoluzione della vita sulla Terra, ma non prende in considerazione come sia stata creata quest'ultima. Se i creazionisti e altri difensori della Bibbia si concentrassero su questa falla, potrebbero immediatamente accettare l'evoluzione. Così facendo, risparmierebbero il tempo e il denaro che in genere sperperano a favore della loro causa, tentando di introdurre il progetto intelligente nelle scuole. Devono rendersi conto che la scienza vincerà, confutando le loro tesi. Quindi queste falle sono destinate a scomparire, ma ce n'è una che probabilmente resisterà per sempre: la creazione della Terra e/o dell'universo. È l'unico punto sul quale i creazionisti potranno riuscire a difendere la loro causa in futuro.

Perché persiste il conflitto scienziati/atei e le persone di fede, che rappresentano oltre il 95% della popolazione statunitense?

In ogni generazione esiste quella che chiamo la "minoranza appassionata", composta da intellettuali attenti alle cose del mondo, all'ambiente e al progresso dell'umanità. Operano in campi come scienza, tecnologia, medicina, filosofia e religione. Grazie ai loro contributi innovativi abbiamo accesso a computer, automobili, aerei, dispositivi medici avanzati, psicologia e a migliaia di altre cose che ci fanno vivere meglio, ci consentono maggior benessere e ci allungano la vita. Il resto della popolazione si limita a sfruttare gli sforzi della minoranza appassionata guidando auto accessoriatissime, guardando la TV e parlando dell'universo, ma senza avere la minima idea di come funzionino queste cose. Non ti fa impazzire pensare a quanto siamo insignificanti all'interno di questo schema? Quanto è infinitesimale la Terra, sospesa com'è nello spazio e circondata da altre galassie—altri universi?

Per l'uomo dei tempi delle Sacre Scritture, la Terra era piatta e l'unico mondo esistente.

Dio aveva creato le stelle, il sole e la luna nel cielo solo per metterli al servizio della Terra e della razza umana. La Bibbia aveva un'enorme rilevanza a quei tempi, anche per la minoranza appassionata, che tuttavia continuò a studiare il mondo e lentamente riuscì ad ampliare le nostre conoscenze.

Nel frattempo la Terra, precedentemente considerata un immenso universo a sé stante, era vista come una piccola parte di un infinitesimale tutto. Dio, a sua volta, da divinità locale è diventato signore e padrone di un universo sconfinato.

Per quanto riguarda la fede, la minoranza appassionata si divide in due gruppi: 1) gli atei/agnostici e 2) i teisti/deisti (la differenza sta nel fatto che i teisti credono in un solo Dio, mentre i deisti no).

Il motivo principale per il quale molti scienziati sono atei è perché usano la scienza per screditare le Scritture, portando facilmente la vittoria a casa. La partita però non è equilibrata, in quanto la scienza si aggiorna costantemente, mentre la Bibbia e la dottrina religiosa rimangono immobili. Alcuni scienziati si definiscono deisti, in modo tale da non dover accettare un solo Dio, il che metterebbe alla prova il loro intelletto. Magari, dopo aver letto questo libro, potrebbero cambiare idea. Dal momento che nel corso della vita la maggior parte di noi acquisisce una scarsissima conoscenza dell'universo o di concetti avanzati, è facile continuare a credere a ciò che credevano i nostri antenati, anche se con qualche piccolo adattamento per le esigenze dei nostri tempi.

Il motivo principale che porta quasi tutti a voler credere, però, è che così facendo è possibile dare un senso alla vita e sperare in una vita dopo la morte. L'ateismo, di contro, è un'immensa delusione. Gli scienziati che scrivono libri antireligiosi rendono un cattivo servizio ai laici: quando li convincono che non esiste alcun Dio o che pregare non serve a niente, tirano ingiustamente via la loro insostituibile "coperta di Linus", senza dargli nulla in cambio. Dovrebbero invece concentrarsi a scrivere libri professionali—e non necessariamente di successo—e fare la predica a chi già la pensa come loro.

Come già detto in precedenza, gli scienziati/atei si dividono in due gruppi: 1) quelli che non credono in Dio, ma accettano la possibilità di un creatore, 2) quelli che non credono all'esistenza di Dio. Dal momento che sembra improbabile che nel prossimo futuro la scienza possa provare o meno l'esistenza di Dio, l'unico modo in cui potrei suggerire di mettere alla prova questa teoria è quello indiretto. In questo libro ipotizzo che Dio possa esaudire tutte le preghiere utilizzando un sistema simile a un gigantesco motore di ricerca. Se la mia teoria è corretta, non dobbiamo far altro che effettuare un'elaborata ricerca per stabilire se Dio effettivamente esaudisce le nostre preghiere. In questo studio, la scienza—nell'analizzare le preghiere molto giudiziosamente—può affermarlo con certezza con il 50% di riscontri positivi.

Il gruppo Templeton ha svolto questo test, ma non in modo efficace come avrebbe potuto. La mia esperienza è stata estremamente positiva. Tuttavia, prego molto raramente. Senz'altro ringrazio Dio tutti i giorni per le cose che ho, ma raramente gli chiedo qualcosa. Le uniche volte che prego per ricevere qualcosa in cambio è quando è estremamente importante o mi sento veramente a pezzi. Finora le mie suppliche sono state puntualmente soddisfatte e ne parlerò nel capitolo successivo.

Mi piacerebbe vedere un gruppo di scienziati fare una prima ricerca tra persone che sostengono che le loro preghiere sono state esaudite in modo soddisfacente. Questi casi potrebbero essere classificati a fini statistici. Una volta raccolto un buon numero di dati, gli scienziati dovrebbero svolgere uno studio su vasta scala per convalidare i risultati in un senso o nell'altro. Se la ricerca indica che un notevole numero di preghiere ha effettivamente avuto riscontro oltre qualsiasi ragionevole dubbio, questi dati saranno utilissimi a fornire la prova dell'esistenza di Dio.

Un progetto del genere avrebbe un impatto enorme sulle principali tre religioni. Non solo genererebbe un immenso interesse all'inizio, ma se risultasse efficace verrebbe celebrato in tutto il mondo e per lunghi anni a venire. I risultati non devono nemmeno essere pari al 100%: se dimostrano che esiste più del 50% di possibilità che le preghiere vengano esaudite, per molti scettici l'argomento verrebbe chiuso una volta per tutte.

CAPITOLO 9

La mia esperienza con la preghiera

LA MIA PREGHIERA D'AMORE

Occhi color acquamarina contornati da ciglia scure mi osservano attraverso un leggero torpore. Dolci tracce di Chanel N° 5, rossetto da grande magazzino e il fresco odore di uno shampoo alle erbe mi invadono le narici. Finalmente riesco a mettere a fuoco e vedo il viso sorridente di una figura angelica dalla pelle di porcellana e dai tratti perfetti. La chioma di questa fantastica visione, capelli biondi fino alle spalle, è cinta da una cuffietta di un bianco immacolato, sembra un'aureola. Quando si accorge che sono sveglio, si sposta affinché possa guardarla meglio, ma non abbandona mai la mia mano dalla sua delicata stretta. Penso che la bellissima e regale Principessa Grace di Monaco in persona sia venuta a riportarmi in vita nel mio momento del bisogno. Sorrido ringraziando lei e Dio, e ritorno nel mio coma.

Qualche ora dopo riprendo i sensi e inizio a guardarmi intorno per capire dove mi trovo: una camera sterile color verde menta, nessuna traccia di vita se non il mio respiro regolare. Dov'è finito il mio angelo? È stato davvero qui? È stato un sogno? Un'allucinazione? Devo assolutamente scoprirlo. Lentamente mi rendo conto di essere nel letto di un ospedale e inizio a ricostruire il modo in cui ci sono arrivato.

È il 1955 ed è da poco passata la mezzanotte in un piovoso Giorno del Ringraziamento. Percorro in auto Polaski Skyway per tornare a casa a Newark, New Jersey. Ho lasciato da pochi minuti Manhattan, dove alcuni amici, oltre a rimpinzarmi di ottimo tacchino, mi hanno anche organizzato uno spiacevole appuntamento al buio—infatti mi sono subito liberato del suo numero di telefono. Compiuto il fattaccio, mi ritrovo a guidare per vie strette e buie, vorrei già essere nel mio letto. All'improvviso fari abbaglianti mi accecano e un istante dopo l'auto sbanda sul ghiaccio andando a finire sulla corsia opposta, scontrandosi frontalmente con un'altra vettura.

Fari abbaglianti. Stridio di freni. Il botto. Sirene in lontananza. Il cervello sovraccarico di sensazioni. Poi finalmente l'oscurità. Il silenzio. Il nulla.

Ed eccola lì, seduta accanto a me in questa orrenda stanza verde, che gonfia la fascia che ho sul braccio per misurare la mia pressione sanguigna, altissima. La mia mano cerca la sua e la trova immediatamente. Non vorrei mai lasciarla. Questa volta provo a rimanere sveglio, costi quel che costi.

"Come ti senti?" mi chiede con la sua dolce voce angelica.

Non faccio in tempo ad aprire la bocca, arida come il deserto, che mi ci infila un termometro di vetro e ne approfitta per darmi le cattive notizie. Ho una commozione cerebrale e diverse altre lesioni, ne avrò per diverse settimane. Queste notizie non mi addolorano affatto, anzi ne sono felice: avrò l'occasione di conoscerla meglio. Non starò meglio né lascerò l'ospedale finché non la sposo. Lo ammetto, sono totalmente infatuato di lei.

Si chiama Arlene, mi dice, e l'unica cosa che voglio sentire nella mia testa è il suo nome. Arlene! Quale altro nome ha un suono così melodico? Il mio corpo è attraversato da scariche elettriche che appiccano il fuoco alla forza dell'amore.

"Dormirai molto prima del mio ritorno, Michael".

Non mi sono mai sentito chiamare per nome in modo così soave. Michael. Meglio ancora, Michael e Arlene. Sorrido da un orecchio all'altro. All'improvviso avverto una sensazione di freddo alla fronte, mi sento tamponare leggermente con dell'ovatta e lei scompare dietro la porta. Neanche il tempo di chiudersi alle sue spalle, che mi ritrovo nel grigio torpore della narcosi e forse oltre.

L'altalenarsi dei miei stati di veglia dettano le successive ventiquattro ore della mia vita. Il distacco è sostituito dalla forte presenza dell'esserci e di avere un'unica ossessione: la dea Arlene.

La mia priorità è quella di avere quante più informazioni possibili su di lei dalle altre infermiere del nono piano. Mi dispero venendo a sapere che in realtà lavora al settimo piano, ma mi riprendo alla grande quando viene trasferita al mio piano. Mi è bastato sentire questo per farmi salire il morale alle stelle—comincio a fantasticare che ha chiesto il trasferimento per starmi accanto.

I ricoveri in ospedale sono noiosi se l'unica cosa che hai da fare è tornare alla tua solita vita e, visto come sta andando la mia, non c'è nulla che possa minimamente avvicinarsi alle vette che intendo raggiungere ora.

Da sempre amo l'ora del pisolino, perché mi consente di visitare i luoghi più romantici del mondo che la mia fantasia riesce ad evocare. Sogno spesso ad occhi aperti di ritrovarmi a bordo piscina del Fontainebleau Hotel di Miami Beach, a godermi il sole tropicale sorseggiando del tè freddo al mango. Sul lettino accanto al mio, una splendida bionda in bikini nero e cuffietta bianca da infermiera. Il paradiso non è nulla al confronto.

Svegliarsi da quel paradiso non è mai stato facile, particolarmente ora, che lo faccio avvertendo un intenso dolore al sedere per via del troppo tempo trascorso nella stessa posizione. A peggiorare la situazione, un'infermiera dalle spalle larghe come un sergente dell'esercito che mi rivolge domande con il suo pesante alito di sigaretta. Vuole sapere se sto comodo.

"Stavo meglio prima", le rispondo con tono ironico mentre lei grugnisce, mi sente il polso e mi alza lo schienale per poter cenare. La cena è composta da uno schifosissimo brodo, tè caldo, un orrendo uovo in camicia e gelatina verde. Mando giù il brodo controvoglia, facendo finta che sia un cheeseburger condito con senape piccante e contorno di pomodoro fresco. Il che non rende sopportabile l'assenza di Arlene.

"Non si affretti a tornare", dico tra me e me quando l'infermiera con la faccia da accetta esce dalla mia stanza, lasciandomi solo con i miei pensieri.

Non ci metto molto a rimettermi a dormire e a tornare tra le braccia della mia bionda del Fontainebleau. Risento subito la sua dolcissima voce e quando apro gli occhi, questi sprofondano in quel verde acquamarina e nel sorriso da Grace Kelly dell'angelo che mi assiste.

Nell'istante in cui Arlene mi prende la mano, sento il mio corpo esplodere con l'energia della rinascita.

"Bravo", mi dice senza sarcasmo. "Hai praticamente ripulito il piatto".

Per farla contenta, in un sol boccone mando giù il residuo di gelatina, come il bravo bambino che immagina io sia, in attesa di una carezza sul capo.

Nei giorni che seguono io e Arlene ci conosciamo meglio. Sono affascinato dalle sue storie di tipica ragazza della provincia americana e dai racconti tragicomici di giovane infermiera in un ospedale di città. Faccio colpo su di lei, o almeno credo, raccontandole episodi della mia infanzia a Gerusalemme e degli atti eroici accaduti durante la nascita dello Stato di Israele. La nostra affinità aumenta di pari passo al genuino rispetto che l'uno prova per l'altro. Le dico poi del mio lavoro come ingegnere presso la Weston Electrical Instrument di Newark e dei miei ambiziosi progetti per il futuro. Il nostro futuro, dico tra me e me.

Durante la mia convalescenza mi chiedo spesso che fine ha fatto il tipo che mi è venuto addosso la notte del Ringraziamento. Arlene si informa e viene a sapere che se l'è cavata senza nemmeno un graffio, ma non si può dire altrettanto della sua nuova Cadillac o della mia Chevy distrutta.

Un bel giorno, proprio mentre penso di aver ripreso il controllo della mia vita, una delle infermiere mi confessa che mi hanno udito parlare nel sonno—le urla della mia passione d'amore per Arlene hanno risuonato per tutto il nono piano e ora tutto il personale ne è al corrente. Conoscendo i miei sentimenti, Arlene ha mantenuto un silenzio molto professionale rispetto ai suoi sentimenti nei miei riguardi. Finché un giorno, quando sono completamente sveglio, mi comunica la notizia alla quale non sono preparato. Da tre anni frequenta Howard, un uomo un po' più grande di lei, e ha accettato la sua proposta di matrimonio. Sfila la mano sinistra dalla tasca e resto abbagliato dal diamante sul suo dito. Howard è un grand'uomo, proprio come lo descrive Arlene. È un affermato avvocato, vive in uno splendido attico a Manhattan che affaccia sull'East River, e non le fa mancare nulla.

Rispetto ad Howard, io sono uno sfigato che guadagna 80 dollari alla settimana alla Weston Electric e abita in un buco in New Jersey, che a stento si può definire casa. Impossibile competere con quest'uomo e sono devastato dalla prospettiva di aver incontrato l'amore della mia vita ed essere destinato a perderlo.

Notando la desolazione che si legge sul mio viso, Arlene mi chiede mille volte scusa per avermi involontariamente illuso. Di certo non aveva alcuna intenzione di ferire i miei sentimenti. Nel momento in cui esce dalla mia stanza, il mio cervello parte in quarta e inizio a fare mille congetture su come conquistare Arlene, allontanandola da quell'uomo perfetto. Inizio a convincermi che l'unico motivo per il quale lo sposa è perché lo ha incontrato prima di me, lo frequenta da tre anni e non se la sente di spezzargli il cuore dopo tutto questo tempo. Ho anche il sospetto che i suoi genitori vedano di buon occhio quest'uomo e che approvino questa relazione fin dall'inizio. In fondo, per i genitori Howard ha tutte le qualità che una ragazza fortunata può trovare in un uomo. Sulla carta i fatti sono innegabili. Ma devo andare fino in fondo alla faccenda.

Nella solitudine della mia stanzetta verde, il ticchettio dell'orologio risveglia le mie voglie giovanili, riducendomi uno straccio. All'epoca dei fatti ero solo un ventiquattrenne di fronte ad una svolta talmente importante da non essere in grado di gestirla emotivamente. A dispetto delle mie scarse possibilità, mi ostino a seguire la mia passione: Arlene è la donna con la quale sono destinato a condividere la mia vita. Adesso che l'ho trovata, niente e nessuno me la può portare via. Il mio corpo è messo maluccio, ma nella mia testa è tutto chiarissimo. Le do ascolto e faccio esattamente cosa mi dice: prega come se non ci fosse un domani.

Lo faccio per ore e ore. Nella mia mente si affollano immagini della vita che non ho ancora vissuto con Arlene—ma che non vedo l'ora di vivere, con tutto il cuore. Come se stesse davvero accadendo davanti ai miei occhi, vedo Arlene entrare nella mia stanza d'ospedale. Sul dito della mano sinistra il diamante è scomparso. Mi dice di aver rotto il fidanzamento con Howard—ha capito di non amarlo e di non poterlo sposare.

Sono felicissimo e l'abbraccio a lungo, lei ricambia l'abbraccio con altrettanta passione. Le scene si susseguono a ripetizione e amo vedermi corteggiarla—prima dal letto d'ospedale, poi una volta fuori. Cenette casalinghe, passeggiate nel parco e finalmente la proposta di matrimonio illuminata dalle candele di un ristorante dove, in ginocchio, le dichiaro il mio amore tra gli applausi di perfetti sconosciuti. Di lì a poco, vedo il giorno del matrimonio, con tutta la famiglia presente. Ma soprattutto vedo noi fare l'amore la prima notte di nozze più romantica che la mia fantasia possa immaginare: un camino scoppiettante, la pioggia che picchia sul tetto, petali di rosa sparsi sulle morbide lenzuola di seta di un letto enorme, i nostri cuori che scoppiano d'amore reciproco e lo esprimono fisicamente. Ma c'è di più. Mi vedo mentre compriamo una casetta, poi una più grande. Mi vedo fare una brillante carriera. Vedo Arlene partorire i nostri figli, uno dopo l'altro. Mi vedo giocare con i nostri bimbi, li porto a scuola, mi prendo cura di loro quando sono malati, gioisco per i loro successi. La vita che immagino è perfetta, perché è ricca di Arlene e di tutto ciò che abbiamo creato insieme.

Il mio cuore va a mille quando verbalizzo tutto questo a Dio, nel silenzio delle mie preghiere. Non sono dettate solo dalla disperazione, ma anche dal fatto che sono convinto che, sposandomi, Arlene avrebbe trovato il massimo della felicità nel miglior compagno della sua vita.

"Ti prego, Dio", dicevo. "Sai che non prego molto, ma sei un essere intelligente e so che non mi hai fatto incontrare questa donna meravigliosa solo per portarmela via per sempre. Farò di tutto affinché Arlene diventi mia moglie. Dedicherò il resto della mia vita alla sua felicità. Non le comprerò un solo attico, ma due, magari tre—e tutti più grandi e più belli di quelli di Howard. Non ho alcun dubbio che Arlene e io siamo nati per amare e per amarci e se, come credo, questo è il progetto che avevi in serbo per me, ti imploro di realizzarlo così come lo immagino. Mio Dio, se esaudisci le mie preghiere, giuro che farò tutto ciò che vorrai per il resto della mia vita, anche andare in sinagoga regolarmente. Amen".

Non saprei dire per quanto tempo ho veramente pregato. So solo che quando comunico con Dio mi sembra di farlo per una vita intera. Finito di pregare, mi dico che se domani Arlene si presenta nella mia stanza senza indossare l'anello di fidanzamento, sarà senza ombra di dubbio la prova che Dio ha accolto la mia supplica e l'ha esaudita. Mi addormento con questa certezza.

Il mattino successivo mi sveglia il fresco profumo di Arlene. Mi sorride mentre mi infila il termometro di vetro in bocca con la mano sinistra. Resto senza fiato quando vedo il suo anulare completamente nudo. È successo, lo sapevo. Dio mi ha dato l'approvazione e mi sta mandando un messaggio ben chiaro. Provo a contenere l'euforia. Quando chiedo ad Arlene perché non indossa l'anello, la risposta è più dura del previsto.

"È troppo largo e mi cade in continuazione dal dito. Ho dovuto riportarlo dal gioielliere per farlo stringere", mi dice.

Dopo la botta iniziale analizzo di nuovo la situazione e la mia interpretazione è: Dio è pronto a esaudire la mia supplica, ma mi sta chiedendo di dargli prova di esserne degno. Mi sembra asso-lutamente logico.

La sera stessa, mentre la neve si accumula sulla mia finestra bloccando la vista sulla città, faccio una lunga chiacchierata con me stesso, consapevole che Dio è in ascolto: *"Se c'è una cosa che ho capito in vita mia, è 'aiutati che Dio ti aiuta'. Posso lasciar correre le cose così come stanno—e Arlene scomparirà all'orizzonte in compa-gnia dell'uomo sbagliato—o posso passare all'azione, dando prova di essere migliore di lui, cosa di cui già sono convinto"*.

Scelgo di seguire il progetto di Dio, già predisposto per me.

Corteggiare Arlene dal letto d'ospedale inizia a dare risultati miracolosi. In qualche modo, il mio acciaccatissimo fascino ha fatto colpo su di lei al punto che durante le feste di Natale, invece di festeggiare con Howard in un ristorante chic di Manhattan, pre-ferisce trascorrere la serata con me. È ovvio che Dio fa il tifo per me. Ne ho la prova quando Arlene rompe il fidanzamento con Howard, appena due settimane dopo aver lasciato l'ospedale. Dice di essersi resa conto di voler trascorrere Capodanno con me—e anche tutti quelli a venire. Dopo soli tre mesi dal nostro incontro, io e Arlene ci sposiamo. Da quel giorno in poi la nostra vita è stata identica a come l'avevo dipinta nelle mie preghiere.

Dio ha ascoltato, valutato ed esaudito la mia preghiera d'a-more.

LA MIA PREGHIERA DI VITA

Nella mia vita adulta ho imparato in fretta che se devi lavorare per vivere, puoi anche lavorare per ciò che ami di più. In genere ciò che ami è anche ciò che sai fare meglio. Nel mio caso, questo prin-cipio ha funzionato quasi perfettamente per decenni, infatti ho acquistato e realizzato un numero man mano crescente di immobili commerciali e residenziali—prima a New York, poi in California e in seguito in Nevada. Più tempo e denaro investivo nella mia carriera, più diventavo bravo a trovare e a realizzare gli immobili giusti al momento giusto, a rinnovarli e a rivenderli, guadagnandoci molto bene.

Il settore immobiliare va a cicli, quindi non si tratta solo di comprare e vendere: bisogna essere molto bravi per sapere quando vendere o meno—e a quale prezzo. Nel corso degli anni ho perfezionato a tal punto le mie capacità, da fare centro nel 90% dei casi. Se hai le idee chiare è possibile guadagnare benissimo, ma non bisogna mai dimenticare che investire in immobili è come giocare a poker a Las Vegas: tutti giocano contro di te e prima o poi con te faranno i conti, a prescindere da quanto tu possa essere bravo. Manco a farlo apposta, è stato proprio a Las Vegas che un gruppo di appartamenti mi ha quasi rovinato—ma non era stata ancora detta l'ultima parola. Era la fortuna ad assistermi nelle mie puntate? Era solo coincidenza? Era la preghiera?

Non avevo dubbi che il segreto fosse la preghiera. Leggi come sono andate le cose e avrai difficoltà a credere il contrario.

Se ti è capitato di leggere un giornale, guardare la TV, navigare in internet o finire di pagare un mutuo nel 2008, sicuramente non sei riuscito ad evitare le notizie della crisi immobiliare nel nostro paese. Sono state pignorate migliaia e migliaia di case. Piccole e grandi banche sono andate in bancarotta. Da un giorno all'altro il mercato immobiliare è entrato in una nuova Era Glaciale, in giro non c'era più un soldo e i crediti agevolati sono stati surgelati.

Nessuno è infallibile. A volte ci vuole una crisi di proporzioni bibliche per scoprire questo aspetto di te stesso. Con il mercato immobiliare di Las Vegas e dintorni letteralmente a picco, io e il mio socio David abbiamo fatto male i conti con la prospettiva di una crisi e abbiamo costruito le case sbagliate, nel posto sbagliato ed esattamente nel momento sbagliato.

Circa cinque anni prima, quando il mercato in Nevada sembrava ancora godere di buona salute, David perse la testa per un terreno a Henderson, a una manciata di chilometri da Las Vegas. Il posto non era granché, era una zona commerciale molto malmessa, ma l'intera zona era in forte crescita e sembrava un ottimo investimento.

Al momento di firmare le carte io non ero disponibile e David, preso dall'entusiasmo, si impegnò per ben 1,9 milioni di dollari, il che rese la sua posizione estremamente delicata.

Chiamammo il complesso Palm Eight, in quanto si trovava su Palm Street e il progetto prevedeva otto unità distinte. In seguito al mio sopralluogo, dissi a David che mi sembrava sufficientemente grande per aggiungere altri tre lotti a quelli previsti, e cambiammo il nome in Palm Eleven. Non ero molto convinto di portare avanti il progetto, in quanto secondo me non avrebbe attirato molti compratori. Sotto le incalzanti pressioni di David, accettai di edificare, ma iniziando solo con sei unità e non undici.

Per poter iniziare i lavori ci rivolgemmo a un imprenditore edile, che ci consigliò vivamente di costruire le undici unità in un colpo solo, in quanto era più conveniente e il mercato era forte. Ci garantì che le case sarebbero andate via come il pane. Pochi mesi dopo, ironia della sorte, proprio al completamento del progetto il mercato iniziò a crollare, esattamente come le nostre speranze di risanare il debito.

Data la mia conoscenza del mercato, già da molto tempo prima avevo escogitato un sistema per rimanere a galla nei periodi di magra—bastava semplicemente non avere debiti. Prima di questo fiasco io e David avevamo raccolto 45 milioni di dollari dagli investitori e, di conseguenza, eravamo proprietari di immobili per un valore totale di 100 milioni di dollari, senza alcun debito. Feci in modo che fossimo gli unici proprietari, perché sapevo che questo periodo di tempo, irrealisticamente lungo, prima o poi si sarebbe rivoltato contro di noi: del resto la cosa peggiore che può fare un investitore in un periodo di magra è dover spendere soldi per proprietà che non producono reddito. È il modo più sicuro per perdere i propri beni, ed è esattamente così che molti americani hanno iniziato a perdere i loro nel 2008, perfino grandi multinazionali guidate dagli investitori ritenuti più scaltri. Ai primi di novembre le azioni dell'hotel Venetian di Sheldon Adelson crollarono da $146 a $6 l'una. Le MGM precipitarono da $96 a $10. Mentre si avvicinava la fine dell'anno, lo skyline di Las Vegas era ancora disseminato di gru, ma principalmente come residui del boom edilizio che non era ancora sconfitto.

Il mio unico errore, decisamente enorme, è stato investire in quelle undici unità di Henderson, costruite in un luogo brutto e che cercavano disperatamente di essere vendute e abitate.

Il panorama da otto delle undici unità era particolarmente squallido. Dava sull'enorme costruzione di The Highway, un po' una Strip di serie B, e sede del fatiscente ma noto Sam's Town. Lunghe file di vecchi casinò e alberghi cadenti risalenti a un'epoca ormai passata di scintillanti strutture commerciali erano lì a perdita d'occhio. A causa di questo spettacolo inguardabile, le otto unità che vi si affacciavano sarebbero state le più difficili da vendere—ma paradossalmente furono le prime.

La fase di vendita iniziò con Diana, una broker che io e David avevamo conosciuto a Las Vegas. Per poter giungere a un prezzo decente delle case, ci consigliò di rivolgerci a un perito, che prese nota di tutte le caratteristiche innovative delle abitazioni e le valutò ben 350.000 dollari—molto di più dei 230.000-250.000 a cui avevamo pensato. Diana fu entusiasta nel sentire una stima così alta, in cui vide un modo per far leva su potenziali acquirenti. Da questi 350.000 dollari avremmo detratto la sua commissione, in più Diana avrebbe trattenuto tra i venti e i trentamila dollari per offrirli come incentivo ad ogni compratore trovato.

Sicura della sua nuova strategia, Diana cominciò a mostrare gli appartamenti. Zero vendite. Poi un bel giorno un uomo che lavorava nella zona commerciale dall'altro lato della strada, ne comprò uno per la comodità della vicinanza al suo lavoro. Nelle settimane a venire, il mercato precipitò in una spirale senza fine. Spinta dalla disperazione, a Diana venne l'idea di vendere gli appartamenti a compratori di Los Angeles, che a loro volta avrebbero potuto affittarli come rendita. L'idea si rivelò ottima, perché nell'arco dei sei o sette mesi successivi riuscì a vendere tutte e otto le unità. Fu talmente entusiasta di questo successo che tentò di convincerci a costruire altre venti unità, garantendoci che sarebbe riuscita a venderle tutte. Il mercato poi crollò del tutto, il che ci fece accantonare l'idea. Ma c'erano buone notizie: con il ricavato dall'ultima vendita, io e David riuscimmo a estinguere il mutuo della Silver State Bank. Per quanto riguarda le altre tre unità, ne affittammo due e decidemmo di vendere l'ultima al prezzo ridotto di 180.000 dollari.

La preghiera è il punto più complesso di questa storia, in quanto né io né David avevamo mai confessato di aver iniziato a pregare Dio, ognuno per conto proprio e regolarmente. Dal momento esatto del crollo del mercato, la disperazione si era impossessata di noi e nessuno aveva il coraggio di condividere le proprie angosce prima che la crisi passasse, rimettendo in sesto le nostre finanze. Solo allora siamo riusciti a dircelo, entrambi convinti che Dio avesse esaudito le nostre preghiere.

L'aspetto miracoloso di questa storia è che siamo riusciti a vendere otto unità al medesimo prezzo elevato, a prescindere dalla loro posizione e dal mercato in caduta libera.

Chiunque sarebbe potuto andare a meno di un chilometro di distanza e comprare una bellissima casa in uno splendido parco recintato, pari alla zona molto esclusiva in cui abitavo. Io e David scoprimmo che c'erano case molto più grandi e lussuose di quelle che avevamo costruito, offerte a 200.000 dollari nello stesso periodo in cui le tipologie minori delle nostre sono state vendute a 350.000 dollari. Perché una persona alla ricerca di una casa da acquistare non guarda prima gli annunci, confronta prezzi, servizi e poi sceglie il migliore affare? Perché hanno volutamente scelto di comprare una casa di minor valore e in una zona meno bella?

Comunque l'hanno fatto.

Dopo aver estinto il mutuo, la Silver State Bank ha dichiarato bancarotta ed è stata assorbita dalla FDIC.

Nel disperato tentativo di rimanere a galla, il nostro imprenditore edile aveva investito altrove in immobili oltre il milione di dollari, sui quali gravavano pesanti ipoteche per 30-40 milioni di dollari, dando in garanzia la casa della segretaria, (che poi lei ha perso), ma si è anche visto costretto a dichiarare bancarotta.

In questo nuovo clima ostile, Diana, la nostra broker, non ha potuto fare altro che ridimensionare l'attività e mettersi a lavorare da casa.

Due o tre delle case vendute sono state poi pignorate. Coloro che sono riusciti a tenersi le case che io e David abbiamo loro venduto, hanno perso circa il 50% del loro valore.

Nelle preghiere che rivolgevo a Dio sull'argomento della tremenda crisi finanziaria di Henderson, ho seguito la mia formula già testata, sperando di riuscire a guadagnare di nuovo i favori di Dio. Sapevo che se non fossimo riusciti a vendere case sufficienti per estinguere il mutuo e ricavarne un buon profitto per poter sopravvivere almeno per un po', le conseguenze sarebbero state tremende. In quel periodo era impossibile ottenere prestiti dalle banche, a prescindere da quanto fosse immacolato o ricco di proprietà immobiliari non ipotecate il proprio profilo creditizio. Le istituzioni per l'erogazione di prestiti venivano chiuse e acquisite da altre a ritmo frenetico. Non c'erano posti disponibili per gli outsider su questa giostra finanziaria.

Stavolta le mie sedute di preghiera non si limitarono a una, ma andavano avanti regolarmente dal giorno in cui mi resi conto della gravità della nostra situazione. Continuavo a immaginare di dover vendere le case al prezzo di mercato. Mi vedevo in banca con David a estinguere il mutuo. Intravedevo margini di profitto appena sufficienti per sopravvivere al duro periodo che seguì. Quando pregavo, ricordavo a Dio che c'erano molte persone il cui sostentamento dipendeva da me, sia a livello personale che professionale—e che se avesse aiutato me, avrebbe aiutato anche gli altri.

Molte persone coinvolte nella nostra impresa sono andate in rovina durante questa crisi, mentre io e David non solo ne siamo usciti indenni, ma addirittura ci abbiamo guadagnato.

Le preghiere di David sono più generali, quotidiane e dettate dalla sua fede religiosa, mentre finora io avevo solo pregato in caso di crisi personali o se mi vedevo sull'orlo della rovina. In questo caso David era talmente preoccupato dell'imminente catastrofe che oltre ad approntare delle preghiere particolari, arrivò al punto di contattare due noti rabbini in Israele (che si diceva fossero "maghi"), chiedendo anche a loro di pregare per noi. Non lasciò intentata nessuna via spirituale. Poco dopo la morte della madre—e partendo dal presupposto che si trovasse ora in un rapporto più vicino a Dio rispetto a lui—la pregava di aiutarlo come poteva, date le nuove circostanze.

Come vuole la tradizione, io e David diamo una certa parte dei nostri profitti in beneficenza ad enti caritatevoli—molto spesso di religione ebraica. Anche in questo caso non abbiamo fatto alcuna eccezione. David oltre alle preghiere offrì una decima speciale e altrettanto feci io.

Alla fine mi resi conto che Dio ci aveva sì aiutato, ma in parte a spese di altri. Non riuscivo a darmi una spiegazione per questa ingiustizia bella e buona. Posso solo concludere da quanto è avvenuto che, come esseri umani, nella vita non è importante ottenere ciò che vogliamo, ma ciò di cui abbiamo bisogno. Nel caso di specie, la lezione da imparare in fatto di responsabilità fiscale è stata bella dura. Una lezione che è stata estremamente cara e mi auguro non solo che sia stata ben recepita da coloro che l'hanno dovuta subire, ma anche che non verrà dimenticata né che possa ripetersi.

La vita e l'amore per gli altri sono le espressioni più importanti della nostra vita, ma il nutrimento è fondamentale per la qualità di entrambi—che spesso detta ciò che facciamo. In questo secondo e straordinario esempio di preghiera all'opera, Dio ha accolto la mia supplica e anche quella di David—supportandoci e nutrendoci per un altro giorno ancora.

PERCHÉ IO?

Nel recensire questo libro, Harold Kushner, autore del best seller *Ma cosa ho fatto per meritare questo? Quando le disgrazie capitano ai buoni*, mi ha chiesto: "Come credi potranno sentirsi i lettori che hanno perso un figlio quando vedono che Dio ha esaudito le tue preghiere facendo cambiare idea ad Arlene, facendole rompere il fidanzamento per sposare te? Loro hanno pregato per problemi ben più seri del tuo, ma le loro preghiere non sono state esaudite, mentre le tue sì".

LA MIA PREGHIERA INASCOLTATA

Sono un uomo fortunato. Dio ha esaudito molte mie preghiere, ma come stai per vedere, quella in assoluto più accorata della mia vita è stata del tutto ignorata.

È il Giorno del Ringraziamento. Siamo appena giunti al termine della tradizionale cena a base di tacchino, con tutti gli annessi e connessi. Io e Arlene siamo seduti sul divano del salotto a guardare la TV con nostra figlia Sharon. Joel, il fratello, legge un libro in cucina.

All'improvviso Arlene crolla sul pavimento e le si ferma il respiro. Un infarto. Urlo a Joel di chiamare un'ambulanza e provo subito a rianimare mia moglie. Le sue labbra sono serrate, tento di aprirle con un cucchiaio e finisco con il romperle un paio di denti. Nel frattempo arrivano i paramedici, che tentano di rianimarla mentre la caricano nell'ambulanza.

Salto in macchina e seguo l'ambulanza all'ospedale più vicino, dove mi viene detto che ci sono voluti venti minuti per rianimare mia moglie, ma il suo cervello è stato privo di ossigeno per tutto quel tempo e non mostra segni di attività. Mia moglie è viva, ma il suo cervello è morto.

Un medico indiano viene da me dicendo che Arlene non ha alcuna speranza di riprendersi. Senza attività cerebrale ci sono zero speranze di riprendersi. Non voglio credere alle sue parole e chiamo il dirigente dell'ospedale Cedars-Sinai, che conosco personalmente. Mette a disposizione un letto per Arlene al prestigioso ottavo piano, quello dove sono ricoverati i personaggi famosi. La vicina di camera di Arlene è addirittura la famosissima attrice Lucille Ball.

Come medico principale di Arlene scelgo il primario dell'unità di terapia intensiva coronarica. La assistono anche altri due medici. Dopo aver parlato con quindici infermiere, scelgo le migliori tre per assisterla nell'arco delle 24 ore. L'altissimo livello del team medico di Arlene mi rassicura.

Uno alla volta, i medici mi comunicano che Arlene non ha alcuna speranza di riprendersi, il cervello è morto e non c'è niente da fare. Ma non mi rassegno. Con il minore dei nostri figli, Jeremy, resto ogni giorno accanto a mia moglie dalle otto del mattino fino alla mezzanotte. Io e Jeremy preghiamo affinché Arlene ritorni tra noi.

Dopo qualche giorno, organizzo la visita del Gran Rabbino d'Israele, il Rabbino Eliahu, che viene a pregare per lei. Dalla Francia arriva il Rabbino Pinto, persona che si dice faccia miracoli, passa un'ora con lei e poi mi dice: "si risveglierà e vivrà". Decido di credergli. Si presenta anche il sacerdote di una chiesa vicina e le mette dell'olio sulla fronte, pregando a lungo. Ovviamente nulla di tutto ciò funziona.

A dispetto della prognosi nefasta, Arlene giace nel letto di quell'ospedale ed è bellissima, ben pettinata e con lo sguardo perso rivolto verso il soffitto. Un giorno, mentre sono solo lì con una delle infermiere, Arlene apre la bocca e dice: "È meraviglioso. Sto benissimo. Grazie Dio". Dice altre cose, ma le sue parole non hanno senso. Felicissimo di questo, chiamo un amico esperto di video, che si precipita e riprende Arlene mentre muove le labbra in modo incomprensibile. Deciso come sono a scoprire il significato del suo farfugliare, mi rivolgo a un esperto di una scuola per non udenti, sperando che possa riuscire a leggerle le labbra. Senza però alcun risultato.

Comincio a parlarle tutto il giorno, sperando che la mia voce possa indurla a parlare in modo più chiaro. Anche stavolta invano. Poi passo a un'altra strategia. Comincio a raccontarle barzellette e a fare smorfie e gesti strani. Incredibile ma vero, lei sorride e accenna anche qualche risata. Questo mi spinge a chiamare a raccolta i tre medici, per fargli vedere che lei reagisce ai miei stimoli. Esaminano la situazione, concludendo che il suo cervello primitivo è ancora attivo e reagisce alle mie barzellette, ma che il suo telencefalo, la parte superiore dell'encefalo, è irrimediabilmente morto. Per spiegarmelo meglio, uno dei medici mi dice che la morte dell'encefalo è come perdere un dito: non è possibile aspettarsi che ricresca.

Rifiuto di darmi per vinto. Prego Dio e gli chiedo: *"Signore, ventotto anni fa mi hai donato questa donna. Perché ora me la porti via, a soli quarantanove anni? È una persona straordinaria e non merita questa fine, così come la nostra famiglia non merita di perdere questa madre meravigliosa, dolce e generosa".*

Io e Jeremy preghiamo tutti i giorni, sperando che Dio possa cambiare il suo destino.

A dispetto di tutti i pareri negativi, continuo a coltivare la speranza. In qualche modo Arlene ce la farà e tornerà da me.

Richiamo il Rabbino Pinto pregandolo di tornare. Muovendosi intorno al letto, lo sguardo di Arlene lo segue. "Vedi?" mi dice. "Sa che sono qui. Si riprenderà". Prima di andare via, scarabocchia simboli indecifrabili sulle pareti intorno al letto.

Non abbandono ancora le speranze. Amici e parenti vengono a trovarmi e tentano di consolarmi. Mio padre arriva da Israele per festeggiare la Pasqua ebraica, cosa che abbiamo fatto nella stanza d'ospedale di Arlene. Prima di ripartire, si volta verso di me dicendo: "In vita mia non ti ho mai detto cosa devi fare, ma lo faccio adesso. Lasciala andare. Non vedi che non c'è alcuna speranza? Se vai avanti così, ti rovinerai la vita!".

Non ascolto le parole di mio padre e, con Jeremy, continuo a pregare regolarmente.

Dopo due anni e mezzo emotivamente strazianti, mi arrendo. Non vado più in ospedale tutti i giorni, Arlene contrae la polmonite e viene a mancare. In qualche modo, credo, le ho dato il permesso di morire.

Quindi, anche se Dio in passato ha esaudito le mie preghiere, stavolta non lo ha fatto. Secondo le leggi della fisica, un cervello morto non può essere recuperato. Intellettualmente lo accetto, ma a livello emotivo mi è molto più difficile. Ora mi rendo conto che finanche Dio non può cambiare le leggi dell'universo. Non può fermare un uragano, uno tsunami o un terremoto. Né può arrestare il corso inevitabile della morte.

Tempo fa, la costa orientale degli Stati Uniti è stata colpita dall'eccezionale uragano Sandy. I suoi danni sono stati causa di molte sofferenze. Una donna ha perso i suoi due piccoli, strappati via dalla morsa delle acque. Tutte le regioni costiere sono state invase da inondazioni. Moltissime le vittime e le case distrutte.

Dio non è riuscito a evitare che ciò accadesse. Non esiste un mondo perfetto. E non esiste un Dio perfetto.

Dopo la morte di mia moglie ho fatto strani incontri, che mi hanno suggerito l'esistenza della vita dopo la morte. È il 19 dicembre, circa un anno dopo che lei ha lasciato questo mondo. Mi sveglio nel cuore della notte e vado in bagno. Quando torno a letto, noto che il ritratto di Arlene, dipinto da me, non è più sulla parete di fronte. Avvicinandomi, vedo che si è staccato dalla parete ed è andato a finire sul pavimento dietro al cassettone. Forse mi ha svegliato il rumore che ha fatto cadendo. D'istinto guardo l'orologio: la mezzanotte del 20 dicembre è passata da quindici minuti, è il compleanno di Arlene. È il modo tutto suo per non farmi dimenticare del suo giorno speciale.

Pochi anni prima, quando ho fatto trasferire Arlene al Cedars-Sinai, ho acquistato cinque appartamenti in un palazzo nelle immediate vicinanze. Uno per me e gli altri quattro per ognuno dei nostri figli. Un bel giorno ricevo un avviso dall'amministratore del condominio che mi informa che, per motivi di sicurezza, devo togliere tutto ciò che ho nel box, perché la caldaia del sistema di riscaldamento è proprio lì. La mattina del giovedì successivo, un camion dell'Esercito della Salvezza sarebbe venuto a ritirare tutto. Scendo nel box e trovo diverse borsette di Arlene e centinaia di libri. Come da istruzioni, metto da parte tutto ciò che voglio tenere, lasciando il resto per l'Esercito della Salvezza.

Quel giovedì mattina, mi rendo conto che manca un libro che ho molto a cuore. Alle scuole medie sono stato redattore di una rivista mensile e ho raccolto tutti gli articoli che ho scritto, che anni dopo ho fatto rilegare in un solo volume. Tantissimi ricordi mi legano a quel libro. Non mi sono accorto di averlo lasciato nel box. Mi precipito sulle scale, sperando di salvarlo, ma il camion è già andato via. Sperando non sia troppo tardi, esco in strada e vedo il camion a tre isolati da me. Nell'istante in cui mi dico che non lo rivedrò mai più, inciampo in un grosso libro sul marciapiede. Il mio libro. Tra le centinaia di libri caricati sul camion, solo questo libro si è rifiutato di lasciarmi. Posso vederci benissimo lo zampino di Arlene in tutto questo. In fondo non mi ha mai lasciato del tutto.

Non è stata l'unica volta che mi ha fatto sentire la sua presenza negli anni a venire. Ricordo quanto amasse i diamanti. E quanto io amassi Arlene. Durante gli anni del nostro matrimonio l'ho riempita di pietre preziose, tra cui un diamante taglio marquise da 18 carati montato su un anello. Lei amava particolarmente un paio di orecchini di diamanti da 5 carati, li indossava praticamente ogni giorno. Quando ebbe l'infarto, e prima che la portassero in ospedale, le ho sfilato gli orecchini e la collana di diamanti che indossava. Nei miei ricordi confusi di quell'episodio, credo di averli dati a mio figlio Joel perché li custodisse. Un paio di anni dopo, quando Arlene morì, chiedo a Joel di prendere i gioielli dalla cassaforte e di riportarmeli.

Dopo aver controllato in cassaforte, mi dice di non essere riuscito a trovarli. In realtà non ricorda nemmeno di averli avuti da me.

Dodici anni dopo, mia figlia si sposa. Il giorno prima del matrimonio, nella mia cabina armadio noto un vecchio abito che pensavo di aver dato via da tempo. Frugando nelle sue tasche, resto sorpreso. In una delle tasche c'è un borsellino. E nel borsellino trovo gli orecchini e la collana scomparsi. Riesco solo a pensare *Arlene vuole che li dia a nostra figlia come regalo di matrimonio*.

Quando consegno a Sharon gli amatissimi gioielli della madre, rimane stupita ma felicissima. Un altro segno che Arlene è andata via, ma non ci ha abbandonato del tutto. Come altro è possibile spiegare come sono rimasti nascosti quei gioielli nell'armadio per tutti questi anni, per rispuntare esattamente il giorno prima del matrimonio di nostra figlia?

A volte le preghiere vengono esaudite in modi che non riusciamo a comprendere.

Partiamo dal presupposto che Dio è onnipotente e onnisciente, quindi non esistono limiti alla sua capacità di fare qualsiasi cosa senza disturbare le più elementari leggi dell'universo. Come vedremo più avanti, nel capitolo sulla sofferenza, il mondo è stato creato ed evolve in base a leggi fisse che non è possibile cambiare. Per esempio, uno più uno fa due. Per quanto possiamo sforzarci, non riusciremo mai a ottenere qualcos'altro da $1 + 1$. Quindi è inutile chiedere a Dio una cosa che vada contro queste leggi, il che riguarda anche i disastri naturali come terremoti, tsunami e le terribili malattie per le quali non è stata ancora trovata una cura.

Credo anche che dal momento che Dio è il creatore dell'universo e noi ne siamo solo una piccolissima parte, Egli esaudisca le preghiere utilizzando un sistema che in qualche modo somiglia—anche se è molto più complesso—a un motore di ricerca come Google.

Tuttavia, così come il potentissimo Google, Dio può solo rispondere a informazioni già impostate in precedenza e compatibili con il programma.

A chi cerca una risposta ad una preghiera particolarmente importante, posso solo dare un consiglio: servi Dio come vuoi che

Egli ti serva, ma accettando il fatto che anche Dio ha dei limiti. Non smettere mai di esprimere la tua gratitudine. Sappiamo benissimo che nessuno vive per sempre, quindi finché siamo qui, cerchiamo di rendere il mondo un posto migliore. Così facendo, diamo risposta alle preghiere più ferventi di Dio per l'universo intero, se non addirittura alle nostre.

CAPITOLO 10

I sentimenti in azione

Si può dire che il compianto Christopher Hitchens, nel suo ultimo libro *Dio non è grande: come la religione avvelena ogni cosa*, mostra solo emozioni negative al posto del buonsenso.

Con concetti contemporanei, critica le Sacre Scritture di migliaia di anni fa e prende di mira la religione in quanto causa di guerre, genocidi e di altri tipi di sofferenze umane. Queste sue posizioni estremiste impediscono a Hitchens di sostenere le sue tesi.

Così come il denaro non è la radice di tutti i mali, come si suol dire, nemmeno la religione è la causa di tutto il caos. Il problema sta piuttosto nel ciò che si fa con il denaro o con la religione. Il denaro è una cosa buona, ci consente di vivere come vogliamo e di contribuire al benessere di altre persone. Le sue possibilità sono limitate solo dalle intenzioni di chi lo possiede.

> 1 Timoteo 6:10: "L'AMORE del denaro è radice di ogni specie di male".

Il denaro, come il materiale nucleare, ha un potere immenso, ma non può decidere da solo come essere utilizzato. Lo decide la nostra testa. Purtroppo, o per fortuna, anche i sentimenti comandano la nostra testa. Buoni sentimenti comportano buone azioni, ma cattivi sentimenti generano l'opposto. Lo stesso avviene con la religione, che è un sistema di credenze e leggi morali. Le credenze sono talmente potenti e inebrianti da influenzare intere comunità e ciascun individuo al loro interno.

La religione, così com'è descritta nelle Scritture, è stata creata per due motivi: 1) spiegare lo scopo della vita e della creazione dell'universo, 2) creare le leggi e l'ordine per diffondere pace e armonia. La religione, per definizione ha solo caratteristiche positive—anche se non sempre vengono messe in pratica. Chi è spinto da sentimenti negativi usa la religione a proprio vantaggio, calpestando persone e cose in nome del proprio Dio.

Credere in un Creatore infonde un senso di sicurezza e serenità nelle persone, proprio come la Bibbia che, con la sua prosa e poesia accattivanti, tende a instillare timore reverenziale. Il concetto di un Dio onnipotente che dopo aver creato il mondo si prende cura del Suo popolo, ci spinge a rivolgerci a Lui nel momento del bisogno. I cattolici vanno in chiesa la domenica, gli ebrei osservano lo Shabbat il sabato e i musulmani onorano il venerdì. Uomini e donne si sposano nei rispettivi luoghi di culto. In base alle loro fedi religiose, i cattolici battezzano i propri piccoli, mentre ebrei e musulmani circoncidono i figli maschi. All'interno di un ambiente religioso, la vita è ben strutturata e scorre serena.

Quando nasce un sentimento malvagio, tutto ciò che è nella sua scia ne è influenzato negativamente, persino annullato. L'ego sostenuto dal male detta che la sua religione sia l'unica ad avere ragione di essere, all'urlo di "se non ti converti alla mia religione sei un infedele e devi essere eliminato".

Com'è noto, ad oggi la maggior parte dei premi Nobel è stata vinta da persone di fede ebraica. Il motivo è che sono più intelligenti di persone di altre fedi religiose? No. Il motivo è che sia la cultura che la tradizione ebraica incoraggiano lo studio e il talento. Se ci pensi, pochissimi atleti sono ebrei. Qual è il motivo di questo squilibrio? Sembra iniziare dall'infanzia. Anche un bambino adottato da genitori non biologici ebrei e allevato in un ambiente ebreo apprezzerà il valore dell'istruzione e della produttività.

Per sostenere le tesi contenute in *Dio non è grande: come la religione avvelena ogni cosa*, Hitchens avrebbe potuto tranquillamente scriverne il sequel, intitolandolo *La ricchezza non è meravigliosa: come il denaro avvelena ogni cosa*, oppure *L'amore non è piacevole: come il sesso avvelena ogni cosa*, o ancora *Il successo non è gradevole: come la fama avvelena ogni cosa*. Allo stesso modo Richard Dawkins, che ha scritto *L'illusione di Dio*, potrebbe scrivere altri sequel, per esempio *L'illusione dell'amore*, *L'illusione dei soldi* o *L'illusione del successo*.

Da questi esempi si evince che tutte le risorse a disposizione dell'umanità possono essere rovinate dai sentimenti—dove quelli negativi rappresentano la fonte avvelenata. Posso citare molti esempi: 1) i fondamentalisti religiosi, molti dei quali si fanno trascinare dal loro fervore, discutono in modo irrazionale per dimostrare tesi irrazionali; 2) gli ebrei ortodossi praticano tre rigidi e antichi rituali tre volte al giorno; 3) i creazionisti spendono milioni di dollari per difendere la Bibbia, che non ha bisogno di essere difesa; 4) i musulmani coprono le donne dalla testa ai piedi e si rivolgono in direzione della Mecca cinque volte al giorno. Tutto questo perché sono influenzati dai sentimenti piuttosto che dal raziocinio e dalla logica.

I ricchi che hanno perso tutto durante la Grande Depressione, hanno reagito in due modi. Non riuscendo a tenere testa alle avversità, alcuni si sono suicidati lanciandosi dai grattacieli, mentre altri hanno perseverato creando nuove fonti di ricchezza.

In Palestina gli estremisti islamici—soggiogati dalla fede cieca—si trasformano in bombe umane nella lotta contro Israele per il possesso dei territori, mentre i musulmani moderati, spinti da sentimenti sani, lavorano a favore della pace. Il presidente egiziano Anwar Sadat giunse a un accordo di pace tra Egitto e Israele, ma fu assassinato da fanatici che hanno usato la religione come base delle proprie azioni.

Lo stesso livello di sentimenti negativi generati nel corso dell'infanzia, ha ispirato Dawkins e Hitchens a lanciare le loro crociate in nome dell'ateismo contro Dio e la religione. I sentimenti sani, di contro, fanno sì che si possa essere fedeli a una religione, rispettando il diritto di altri di fare altrettanto.

Com'è possibile risolvere tutti questi problemi emotivi? La risposta sta nella scienza.

La scienza ci aiuta in diversi modi:

1) la tecnologia sviluppa computer intelligenti e privi di sentimenti, che ci aiutano a prendere decisioni complesse;
2) la psicologia sviluppa nuove tecniche per trattare sentimenti dannosi;
3) la ricerca medica sviluppa sostanze che fanno rinascere in noi sentimenti positivi.

Sono sicuro che la scienza continuerà a trovare modi per aiutarci a vivere in modo più sano e profondo, proprio come la religione ci aiuta a livello spirituale. Del resto, scienza e religione sono complementari: la scienza ci dice come, la religione ci dice perché.

CAPITOLO 11

Un discorso ateo?

Il 24 settembre 2011 è comparso su internet un articolo scritto da Jon M. Pompia dal titolo "Nessuna prova di Dio", nel quale si dice, tra l'altro:

> Il noto scienziato, professore e autore divenuto famoso per la frase "La scienza ci fa volare sulla luna, la religione ci fa volare nei grattacieli", la scorsa settimana ha proposto la sua tesi sull'ateismo addirittura in una chiesa locale. Victor Stenger, 76 anni, docente di fisica presso la University of Hawaii e professore associato di filosofia presso la University of Colorado, ha attirato circa 75 ascoltatori alla Unitarian Church di Pueblo, nell'East Side.

In risposta alla citatissima frase di Stenger, propongo la mia variante:

> La religione costruisce ospedali, la scienza ti spedisce al pronto soccorso.

L'accusa rivolta alla scienza in questo caso si riferisce alla creazione della polvere da sparo, ai gas tossici, all'antrace e a qualsiasi altro tipo di agente chimico o arma letale.

Tecnicamente, nessuna delle nostre frasi è corretta, né quella di Stenger, né la mia. Non è la religione né tantomeno la scienza a commettere atti di violenza. Sono piuttosto coloro che sfruttano l'una o l'altra a beneficio dei propri interessi. Tutte le cose della vita hanno un lato oscuro, pertanto è facile manipolare oltremodo quel lato oscuro al fine di convincere determinate persone e gruppi che gli altri sono cattivi—in particolare coloro con fede diversa dalla nostra.

Stenger ha provato a sostenere la "sua tesi contro il Dio Giudeo-Cristiano-Islamico, sottolineando gli effetti deleteri che secondo lui la religione ha avuto sia sulla scienza che sul progresso dell'umanità". Secondo il suo ragionamento scientifico:

"L'assenza dell'esistenza [di Dio] è esistenza dell'assenza".

Un'altra cosa in comune tra me e Stenger è che entrambi ci siamo laureati (a un anno di distanza) al New Jersey Institute of Technology (NJIT). Ciò su cui siamo in disaccordo, e non poco, è la religione. A differenza di Stenger, sono convinto che la prova sufficiente dell'esistenza di Dio, che è stata ampiamente ignorata fin dal Suo incontro con Mosè sul monte Sinai, sia la rivelazione—e il significato—del Suo nome.

Malgrado le svariate traduzioni della Bibbia nel corso dei secoli, comprese quelle dei "puristi" fondamentalisti, Dio non è mai stato chiamato Ehyeh. Geova? Sì. Jahvè? Sì. Allah? Sì. Adonai? Sì. Ehyeh? NO.

Nel nostro XXI secolo, relativamente illuminato, si discute ancora se Dio abbia scritto veramente le parole che compaiono nell'Esodo. D'altro canto è possibile attribuire un concetto complesso come quello dell'evoluzione a un essere umano di quell'epoca? L'unica cosa che dimostra l'esistenza di Dio è l'immutabile affermazione "Io sarò colui che sarò".

La prova per mettere a tacere il dibattito sull'esistenza di Dio, secondo Victor Stenger, sarebbe una Sua apparizione pubblica in carne e ossa. Stenger rifiuta la motivazione dei fedeli, secondo i quali Dio si nasconde per mettere alla prova la loro fede, ma non prende in considerazione l'apparizione pubblica che Dio ha fatto 3.300 anni fa. Non si è aggiornato? Nonostante l'apparizione di Dio sul monte Sinai, ci sono ancora scettici in giro.

Mi piace credere che se ogni giorno tutti noi invocassimo Dio chiamandolo Ehyeh (nelle preghiere, negli inni, nelle meditazioni, ecc.), forse potrà perdonarci per avere ignorato il Suo nome vero per tutti questi anni. Di conseguenza la vita di miliardi di persone sul pianeta migliorerebbe in modo esponenziale. Vale la pena di tentare.

P.S.: Un ulteriore vantaggio che comporterebbe l'accettare un Dio che evolve, sarebbe l'accettazione dell'evoluzione da parte dei fondamentalisti. Se il nostro Dio evolve, significa che anche l'uomo evolve. Quindi sembrerebbe logico poter affermare che Dio sapeva che prima o poi avremmo afferrato il Suo messaggio. Era solo questione di tempo.

CAPITOLO 12

La Bibbia ha predetto l'11 settembre?

Nella Genesi 12:2, Dio dice ad Abramo:

> "Io farò di te una grande nazione, ti benedirò e renderò grande il tuo nome e tu sarai fonte di benedizione. Benedirò quelli che ti benediranno e maledirò chi ti maledirà, e in te saranno benedette tutte le famiglie della terra".

Questa è l'eterna benedizione di Dio agli ebrei e la fonte biblica per cui i cristiani considerano gli ebrei il popolo eletto da Dio.

Nella Bibbia ci sono altre storie di benedizioni e profezie rivolte a determinati personaggi prima della loro nascita. Samuele e Gesù ne sono ottimi esempi. La maggior parte delle profezie tende ad avere una natura positiva, una fa decisamente eccezione e può essere vista solo, in particolare alla luce della storia, come profondamente inquietante.

La gran parte di noi conosce la storia di Agar raccontata nella Genesi 16. Sara, l'anziana moglie di Abramo, non potendo avere figli, concesse ad Abramo di giacere con la schiava Agar affinché concepissero un figlio e venisse onorata la profezia di Dio, secondo la quale Abramo sarebbe divenuto padre di molti popoli. Quando Agar si scopre incinta, inizia a disprezzare Sara che, con l'approvazione del marito, la tratta in malo modo. Agar fugge nel deserto, dove un Angelo del Signore le parla nei pressi di una sorgente.

L'angelo fa due profezie. La prima inizia con il verso 9 e recita come segue:

> Le disse l'angelo del Signore: 'Ritorna dalla tua padrona e restale sottomessa'. Le disse ancora l'angelo del Signore: 'Moltiplicherò la tua discendenza e non si potrà contarla per la sua moltitudine'.

Troviamo la seconda profezia nel verso 11:

> E l'angelo dell'Eterno le disse ancora: 'Ecco, tu sei incinta, e partorirai un figliuolo, al quale porrai nome Ismaele (che in ebraico significa "Dio ascolterà"), perché l'Eterno t'ha ascoltata nella tua afflizione; esso sarà tra gli uomini come un asino selvatico; la sua mano sarà contro tutti, e la mano di tutti contro di lui; e abiterà in faccia a tutti i suoi fratelli'.

Verrebbe da chiedersi se questa profezia non abbia predetto i conflitti tra i paesi arabi, iniziati con Ismaele e l'occidente giudeo-cristiano. Considerando che le due profezie sono citate nei versi 9 e 11, verrebbe altrettanto da chiedersi se abbiano predetto anche gli attacchi al World Trade Center.

Se queste profezie devono essere prese come verità assoluta, la domanda è: *perché*? Perché Dio voleva che Ismaele combattesse contro i suoi fratelli? Non aveva benedetto tutti i discendenti di Abramo? Non lo era anche Ismaele? Per rispondere a quest'ultima domanda, si potrebbe dire che questo figlio non era nato dalla volontà di Dio, ma da quella di Sara.

Troviamo una storia simile nella Genesi 30:3, in cui Rachele non può dare un figlio a Giacobbe. Il verso recita:

> Ed ella rispose: "Ecco la mia serva Bilha; entra da lei; essa partorirà sulle mie ginocchia, e, per mezzo di lei, avrò anch'io de' figliuoli".

Esattamente come nella storia di Abramo e Sara, la decisione di Rachele è causa di grossi problemi nella famiglia di Giacobbe. Ah, ma questa è una storia di cui parleremo un'altra volta.

CAPITOLO 13

Lettera aperta a Victor Stenger
(autore di *Dio. Un'ipotesi sbagliata*)

1 0 gennaio 2009

Caro Vic,

grazie per la risposta tempestiva e interessante alla mia mail, nella quale dici: "non mi considero, né tantomeno considero i nuovi atei 'fondamentalisti' da *mostrami le prove e ci crederò*". In base alla tua affermazione, credo troverai interessante notare che il vocabolario Webster attribuisce più di una definizione al termine "fondamentalismo":

1) Movimento religioso protestante che impone l'infallibilità della Bibbia; 2) movimento o atteggiamento di chi persegue la rigida osservanza di principi predefiniti.

Nel provare a prendere le distanze dalla comunità atea/ scientifica che ti accusa di fondamentalismo, hai ignorato la seconda e cruciale definizione di cui sopra. È evidente che la prima definizione sia riferita principalmente ai "creazionisti", mentre la seconda agli atei/scienziati, ai quali non serve altro che una prova nuda e cruda per determinare i fatti. Tuttavia, la mente umana ha sete di risposte. I progressi moderni nel campo della scienza e della tecnologia offrono spiegazioni dettagliate su come funzionano le cose, ma i perenni *perché* continuano ad essere screditati e scartati.

Secondo il metodo del Nuovo Testamento, la conferma di eventi futuri attraverso la profezia biblica, ho pensato che avresti apprezzato il verso che segue, tratto dal primo capitolo del Libro di Isaia, che predice la rinuncia della Bibbia da parte della comunità scientifica:

> Ho nutrito de' figliuoli e li ho allevati, ma essi si son ribellati a me. Il bue conosce il suo possessore, e l'asino la greppia del suo padrone; ma Israele non ha conoscenza, il mio popolo non ha discernimento.

Il mondo è abitato da circa sei miliardi di persone. I cristiani sono circa due miliardi, gli ebrei sono meno di 15 milioni, i musulmani sono un miliardo o poco più, i restanti tre miliardi seguono filosofie orientali o altre ideologie.

Il sistema di valori del giudeo-cristianesimo che troviamo nella Bibbia ha, nel corso dei millenni, gettato le basi a moltissime scoperte scientifiche ascritte all'umanità. Senza scoperte e invenzioni, non potremmo vivere di più né godere di tecnologie sempre più avanzate come automobili, aerei, televisione, computer, cellulari, imprese spaziali ed energia atomica.

Non c'è modo di negare che quasi tutti i vincitori di premi Nobel siano cristiani o ebrei. In base alle proporzioni, in effetti gli ebrei hanno vinto molti più premi Nobel dei cristiani. Saltano subito in mente nomi come Albert Einstein, Sigmund Freud e Jonas Salk. Perché gli ebrei sembrano eccellere più dei cristiani? La risposta potrebbe essere nel fatto che il Giudaismo ha "scoperto" Dio 2.000 anni prima della nascita della Cristianità, e che la Bibbia Ebraica è di circa 1.500 anni precedente al Nuovo Testamento. Nel corso dei secoli, gli ebrei sono stati irremovibili nel loro appassionato e quotidiano studio della Bibbia. Da un certo punto in poi, hanno iniziato ad applicare la medesima passione alla comprensione dei principi scientifici. I risultati delle loro scrupolose discipline sono sotto gli occhi di tutti nella vita di oggi. I cristiani hanno ovviamente fatto altrettanto, ma dal momento che sono dietro di due millenni rispetto agli ebrei, devono impegnarsi un po' di più per mettersi in pari. Non ho dubbi che ci riusciranno. Non devo certo dirti io che Gregor Mendel, geniale fondatore della genetica, era un monaco agostiniano o che Sir Isaac Newton ha avuto un'educazione religiosa, o ancora che Charles Darwin, che ha frequentato il Christian College ed è stato seppellito nell'Abbazia di Westminster, ha seguito il percorso per diventare parroco.

Anche l'Islam monoteista, com'è confermato nel Corano, si attribuisce notevoli scoperte scientifiche—in particolare nella sua epoca d'oro, in cui si sono visti notevoli progressi in medicina e letteratura, oltre alla nascita dell'algebra e degli algoritmi, e perfino il gioco degli scacchi.

Nonostante queste religioni possano essere considerate colpevoli di aver scatenato odio, violenze e guerre senza quartiere nel corso dei secoli, è importante distinguere tra la pratica di una religione secondo i suoi precetti originali e lo sfruttamento della religione per cieca ambizione. Esattamente come non è nel denaro, ma nell'amore per il denaro, che l'avidità trova le sue radici, non è la religione, ma il suo sfruttamento, che crea il caos.

Tu, Vic Stenger, così come Richard Dawkins e Christopher Hitchens, sei cresciuto in una famiglia cristiana, hai avuto un'istruzione basata su questa dottrina e sei stato influenzato, direttamente o indirettamente, dalla Bibbia. Se fossi nato a Bangkok e non a Bayonne, probabilmente oggi non saresti uno scienziato né scriveresti libri in cui godi nel confutare la religione. Se Darwin fosse nato in un villaggio sperduto in Africa e non nella civilizzata contea gallese dello Shropshire, forse non ci saremmo mai imbattuti nella conoscenza della selezione naturale o nella teoria darwiniana dell'evoluzione. Le mode prima o poi passano. Il vecchio lascia spazio al nuovo. Perfino i seguaci delle sette religiose perdono interesse per il culto del momento. Tuttavia, chi crede nella Bibbia rimane ben ancorato al suo sistema di fede, così come fai tu con la richiesta di prove tangibili.

Nessuno scienziato sano di mente crede che non ci sia più nulla da scoprire nell'universo, quindi sarebbe saggio, per progredire come civiltà, prendere in considerazione la possibilità di nuove strade—compreso il percorso accidentato della fede. Esiste la possibilità che tu e i tuoi colleghi non la prendete seriamente solo perché non può essere spiegata con i cinque sensi? Mi viene in mente quel fondamento del nostro sistema giudiziario, secondo il quale una persona è *innocente fino a prova contraria*. Proviamo a rigirare la frittata? Se chiedessimo alla comunità scientifica di dimostrare l'inequivocabile inesistenza di Dio pretendendo null'altro che una prova tangibile? Mi consola pensare che perfino Dawkins sia andato sul sicuro nell'affermare che "*quasi* certamente

Dio non esiste". Tu hai fatto altrettanto dichiarandoti pronto a credere nel momento in cui ti verrà provato. Anche un professionista dell'ateismo come Bill Maher dice di essere pronto a rimangiarsi le sue dichiarazioni se mai gli venisse offerta quella cosa inafferrabile che chiamiamo prova.

Mi sembra che, per citare l'Amleto, promettiate troppo.

Se milioni di persone credessero in qualcosa che personalmente trovo assurda, ma li fa star bene e non nuoce a nessuno, augurerei loro buona fortuna facendo l'occhiolino e passerei oltre.

Accetto il fatto che tu non creda. Ma la domanda che ti pongo è: Ti piacerebbe credere? Ho il sospetto che, in fondo in fondo, la cosa non ti dispiacerebbe e forse so il perché.

Quanto segue è stato scritto dal compianto Dag Hammarskjold, saggio razionalista e membro della comunità illuminata del XX secolo.

> Dio non muore il giorno in cui cessiamo di credere in una divinità personale, ma noi moriamo il giorno in cui la nostra vita cessa di essere illuminata dalla radiosità costante, e rinnovata giorno per giorno, di un miracolo, la cui origine è al di là di ogni ragione.

Shalom,
Michael

CAPITOLO 14

Pace tra scienza e religione

Quando leggiamo la Bibbia o il Talmud, è evidente come si intreccino elementi di realtà e fantasia. A quanto pare nei tempi antichi era prassi comune mischiare le due forme scritte e lasciare al lettore la facoltà di discernere l'una dall'altra. Il Talmud fa una distinzione netta tra le due: la Hallakhah è la legge, mentre l'Haggadah è la narrazione. Contiene profonde riflessioni di carattere giuridico e incantevoli omelie rabbiniche.

La Bibbia contiene diverse allegorie che, nonostante il loro scopo educativo, non vanno prese alla lettera. Alcuni esempi sono: 1) il serpente, invertebrato ma eretto, che nel Giardino dell'Eden si rivolge a Eva parlando la sua lingua; 2) la costruzione della Torre di Babele e relative conseguenze; 3) Dio che ordina al sole di rimanere fisso nel cielo per un giorno, affinché Egli possa porre fine a una guerra.

La generazione per la quale è stata scritta la Bibbia non possedeva sufficienti conoscenze che le consentissero di comprendere e discernere correttamente gli eventi. Ancora oggi, tre millenni dopo e con i progressi fatti, non ci riusciamo. Quindi invece di leggere racconti incomprensibili su ciò che realmente accadde, a questi popoli primitivi fu propinata una serie di aneddoti in grado di far arrivare il messaggio, ma in una forma che fossero in grado di elaborare.

Nel corso dei millenni, diversi gruppi appartenenti alle tre religioni abramitiche hanno deciso di professare la fede secondo la verità assoluta della Bibbia, senza curarsi delle crescenti prove del contrario. Il motivo è semplice: il loro credo fornisce un recinto sicuro, e risposte soddisfacenti a qualsiasi domanda.

Tuttavia, mentre gli scienziati vanno sempre più a fondo alla ricerca di risposte alle più ostinate e antiche delle domande, gli irriducibili della verità assoluta si arrampicano sugli specchi di fronte a dubbi e scetticismo.

La scienza fornirà tante di quelle prove discordanti, che i veri credenti non saranno più in grado di ricorrere alle "lacune" evolutive per ignorare la teoria scientifica. A quel punto non avranno altra alternativa se non modificare i propri punti di vista o trovare nuove giustificazioni per le loro tesi assurde.

Non si deve mai smettere di ribadire che la Bibbia non è stata scritta per essere presa alla lettera e che è accompagnata da una guida essenziale, la Bibbia Orale—il Talmud. Eppure, quando 1.000 anni dopo nacque il Cristianesimo, questa guida essenziale è stata completamente ignorata e lo è tutt'oggi. Bisogna chiedersi il perché.

Oggi come oggi il Cristianesimo può solo rafforzarsi accettando la Bibbia Orale. Così facendo lascerebbe automaticamente il campo libero alla pace duratura e all'alleanza produttiva tra scienza e religione. Un'unione tanto armoniosa non sarà mai facile da raggiungere, anche per le menti dei pensatori più razionali e brillanti. Dopotutto è difficile, se non impossibile, modificare o dissipare un sistema di fede che ci è stato inculcato in tenera età e che gode dell'approvazione dell'ambiente che ci circonda. Per il momento c'è una soluzione alternativa che vale la pena prendere in considerazione. Se i capi religiosi delle diverse comunità cristiane ed ebreo-ortodosse decidessero di riconoscere i fatti, modificherebbero automaticamente il proprio sistema di fede, non rinunciando ad esso, ma arricchendolo.

Il seguente credo, o una sua variante, può servire come primo passo in tale direzione: "Credo nella verità assoluta della Bibbia e al messaggio delle sue allegorie".

Internet straripa di forum con accesissimi dibattiti alimentati dalla costante battaglia tra scienza e religione. Ogni anno moltitudini di persone e organizzazioni investono milioni di dollari per difendere, spiegare o abbellire la Bibbia.

Illustri autori di entrambe le fazioni—creazionisti e atei—devono ringraziare questo argomento scottante per la loro fama e i milioni di libri venduti.

Tutto questo spreco di energie e denaro da entrambi i lati non sarebbe più necessario se i più accaniti fedeli adottassero il credo che ho riportato nei tre paragrafi precedenti: "Credo nella verità assoluta della Bibbia e al messaggio delle sue allegorie".

Nel giorno in cui questo fondamento verrà adottato dalle persone religiose, si potrà non solo avere la pace permanente tra religione e scienza, ma anche un futuro in cui queste lavoreranno insieme a beneficio della razza umana.

CAPITOLO 15

Dio e la gravità

Nel best seller *Il grande disegno* l'autore, lo scienziato Stephen Hawking, e il suo co-autore Leonard Mlodinow provano a rispondere alle annose domande: Quando e come ha avuto inizio l'universo? Perché siamo qui? Perché c'è qualcosa invece di nulla? Cos'è la realtà? Perché le leggi di natura sono calibrate con tanta precisione da permettere l'esistenza di esseri come noi? All'universo serve un Creatore?

Per molti secoli si è pensato che l'universo fosse sempre esistito. Quando è stata ipotizzata la teoria del Big Bang, si è aperta la porta alla discussione a favore di Dio come Creatore dell'universo.

Nel 1915 Albert Einstein formulò la sua teoria $E=MC^2$. Secondo la sua prima teoria dell'universo statico, introdusse una forza antigravitazionale in grado di compensare l'implosione dell'universo. Questa forza, alla quale Einstein aggiunse una costante cosmologica, non proviene da una fonte concreta, ma è insita nel tessuto spaziotemporale.

Dopo la formulazione della teoria del Big Bang, Einstein eliminò la costante dalla sua formula, che definì "il mio più grave errore". Incredibilmente, nel 1998 la sua costante cosmologica è stata riportata in vita quando fu scoperto che l'universo ha una velocità di espansione tale da richiedere una forza repulsiva per giustificarla. La costante è il "regolatore fine" della teoria che punta al Dio che ha creato l'universo così come lo ha fatto, al fine di consentire la vita–così come la conosciamo–per vivere, prosperare e perpetrare la specie.

Ne *Il grande disegno*, gli autori rispondono come segue allo straordinario fenomeno della regolazione fine dell'universo, categoricamente negando Dio come suo artefice.

> Non è questa la risposta della scienza moderna... Abbiamo visto ... come il nostro universo sia probabilmente solo uno tra molti, ciascuno dei quali è governato da leggi differenti. L'idea del multiverso ... è una conseguenza della condizione di assenza di contorno oltre che di molte altre teorie della cosmologia moderna. Ma se è vera, allora il principio antropico forte può essere considerato effettivamente equivalente a quello debole, il che pone la regolazione fine della legge fisica sullo stesso piano dei fattori ambientali, perché significa che il nostro habitat cosmico–attualmente l'intero universo osservabile–è soltanto uno dei molti, proprio come il nostro sistema solare è solo uno dei molti. Ciò vuol dire che, come le coincidenze ambientali del nostro sistema solare furono rese irrilevanti dalla constatazione che esistono miliardi di sistemi analoghi, così le regolazioni fini delle leggi di natura possono essere spiegate dall'esistenza di universi multipli... il concetto di multiverso può spiegare la regolazione fine della legge fisica senza bisogno di un creatore benevolo che abbia fatto l'universo a nostro vantaggio.

Nell'ultimo capitolo del libro, gli autori scrivono:

> Perché c'è qualcosa invece di nulla? Perché esistiamo? Perché
> questo particolare insieme di leggi e non qualche altro?
> Alcuni sosterrebbero che la risposta a tali interrogativi è che
> esiste un Dio il quale ha scelto di creare l'universo in questo
> modo. È ragionevole chiedersi chi o che cosa abbia creato l'u-
> niverso, ma se la risposta è Dio, la questione è stata semplice-
> mente spostata un passo più in là, e diventa quella di chi ha
> creato Dio... Noi sosteniamo invece che è possibile rispondere
> a quelle domande rimanendo esclusivamente nell'ambito della
> scienza, e senza invocare alcun essere divino.

Più avanti gli autori spiegano perché la legge di gravità sia
fondamentale per l'esistenza dell'universo e come si possa creare
dal nulla:

> Siccome plasma lo spazio e il tempo, la gravità consente che lo
> spaziotempo sia localmente stabile ma globalmente instabile...
> Sulla scala dell'intero universo, l'energia positiva della materia
> può essere controbilanciata dall'energia gravitazionale negati-
> va, e quindi non ci sono restrizioni alla creazione di interi uni-
> versi. Dal momento che c'è una legge come quella di gravità,
> l'universo può crearsi dal nulla... La creazione spontanea è la
> ragione per cui c'è qualcosa invece di nulla, per cui esiste l'uni-
> verso, per cui esistiamo noi. Non è necessario appellarsi a Dio
> per accendere la miccia e mettere in moto l'universo.

Quest'ultima affermazione degli autori è errata per due motivi.
Primo: definiscono Dio come creatore, mentre in realtà era un legi-

slatore che ha dato leggi naturali all'universo e leggi morali all'uomo. Perché i corpi celesti si attraggono l'uno con l'altro? Perché la Terra esercita questa attrazione su di noi? Per quel che ne sappiamo, potremmo concludere che si tratti del segreto di Dio. Secondo, gli autori affermano che l'universo può crearsi dal nulla. Anche in questo caso sbagliano. Il nulla non è altro che il perfetto equilibrio tra materia e antimateria, che si annullano a vicenda. Ma basta il minimo elemento di disturbo che un universo intero comparirà spontaneamente.

Isaac Newton definì la gravità come una forza: due corpi si attirano in modo direttamente proporzionale. Albert Einstein definì la gravità come risultato della curvatura dello spaziotempo. Queste sono le teorie utilizzate più comunemente per spiegare la legge di gravità. Quando Newton pubblicò la sua teoria sulla gravità intorno al 1680, innescò l'idea che la gravità sia una forza prevedibile che agisce su tutte le materie dell'universo e che sia una funzione di massa e distanza. Albert Einstein offrì la sua teoria alternativa nei primi del '900, nella quale la gravità non era concepita come forza, ma come variazione dello spaziotempo, nota come quarta dimensione. Più di recente, gli scienziati studiano il gravitone che, secondo il libro *World of Physics* di Weisstein "è un'ipotetica particella senza massa e senza carica che trasmette la forza di gravità" e causa essenzialmente l'attrazione reciproca degli oggetti.

In sostanza, la gravità è un mistero e nessuno sa con certezza come funzioni. Riconosciamo che l'esistenza della gravità ci porta a fare congetture sulla sua natura e sulla sua similitudine rispetto ad altre leggi di attrazione, come l'amore, l'amicizia e i diversi tipi di affinità.

C'è una bella differenza tra il nulla tradizionale e la visione che ha Dio del nulla. Mi spiego con un esempio: un nostro amico possiede appartamenti per un valore di 200 milioni di dollari. L'ipoteca su questi immobili è di 100 milioni. A causa della crisi economica in corso, il valore degli immobili è ridotto al 50%, il che lascia il nostro amico con un valore netto pari a zero, anche se è proprietario di tutti quegli immobili. Un giorno il mercato risalirà e verrà ristabilito il valore netto di 100 milioni. Alla stessa maniera della relatività, alcuni "nulla" contengono un nucleo interno di "tutto".

CAPITOLO 16

Le due Bibbie

Per presentare la Bibbia al popolo dell'Età del Bronzo, Dio (o chiunque abbia scritto la Bibbia) si ritrovò di fronte a un dilemma: come raccontare la vera storia della Creazione a una moltitudine di persone non ancora sufficientemente sviluppata per comprendere complesse teorie come quella del Big Bang e dell'evoluzione. Il dilemma di Dio era un po' come quello dei genitori quando un figlio chiede: "Come sono venuto al mondo?". Ricorrendo alla medesima tattica di un genitore, Dio raccontò una storia basata su una semplice variazione della realtà. Lo scopo era quello di renderla comprensibile e accettabile per la mentalità di quella generazione—consentendo al lettore di essere perfettamente a suo agio.

Così nasce la storia di Adamo ed Eva. Ovviamente la realtà è ben diversa dalla storia raccontata nella Genesi, dal momento che è stato scoperto da tempo che gli esseri umani evolvono nel tempo da organismi unicellulari originati dalla Terra, che si dividono in due cellule e così via. Utilizzando la storia di Adamo ed Eva, Dio è riuscito a descrivere l'inizio del processo evolutivo incominciato con la Terra saltando al risultato finale, l'uomo.

Per rendere le cose più semplici, saltò a piè pari ciò che c'era in mezzo: il lungo e complesso processo evolutivo.

La fede religiosa è un potente sentimento che ci viene instillato fin dall'infanzia, pertanto è naturalmente inflessibile e difficile da cambiare. Man mano che aumenta la nostra conoscenza del mondo, non avvertiamo più la profonda esigenza di credere nel Dio dei nostri Padri—descritto dai nostri antenati meno colti—e proviamo a modificare la nostra opinione di conseguenza.

Dio e Mosè sapevano tutto questo e quando la Bibbia Scritta fu consegnata agli Israeliti, e quindi al popolo ebraico, era accompagnata, come sappiamo, dalla Bibbia Orale. La Bibbia Scritta non prevedeva di essere interpretata alla lettera: fu utilizzata con l'ausilio della Bibbia Orale, che le consentì di evolvere di generazione in generazione e di adattarsi alle sensibilità dei tempi. La Bibbia Orale è stata poi trascritta nei sei libri del Talmud, che in seguito hanno consentito nuove interpretazioni in base alle nuove conoscenze, come troviamo per esempio nel Shulchan Arukh.

Il Talmud non è stato scritto se non in un periodo compreso tra il 1° e il 5° secolo d.C. e, dal momento che i primi cristiani non erano al corrente dell'esistenza della Bibbia Orale, non è stato incorporato nella loro religione. La Bibbia Orale, però, era stata parte integrante della Bibbia Scritta per 1.000 anni prima del cristianesimo, e rimane fondamentale negli studi religiosi ai giorni nostri, perché contiene l'elemento più alto di tutti: il permesso di evolvere.

Gli episodi della Bibbia sono utilizzati sia come racconti sia come pratici strumenti di insegnamento. La storia della Torre di Babele ci insegna che quando gli uomini uniscono le forze per una causa comune, non c'è nulla che non riescano a fare. Quando leggiamo la storia del Peccato Originale, dovremmo essere consapevoli che, anche se basata sulla verità, è stata scritta in modo tale da poter essere compresa dai lettori primitivi di quel periodo.

In ultima analisi, tutto evolve, anche il significato delle parole. Se non fosse così, i dizionari non verrebbero aggiornati per ampliare le definizioni—cosa che come ben sappiamo viene fatta anno dopo anno.

CAPITOLO 17

La verità assoluta della Bibbia

Credere alla verità assoluta della Bibbia è una strategia semplice ma a prova di bomba per difendere il testo biblico nella sua integrità.

In base a questo principio, dire che solo un'affermazione della Bibbia sia falsa, per quanto irrilevante, mette in dubbio l'autenticità di qualsiasi altra affermazione contenuta nel testo. "Dio ha scritto la Bibbia. Dio è onnisciente. Dio è perfetto". Secondo questo tradizionale sistema di fede, la Bibbia è assolutamente perfetta.

Se in teoria questo precetto suona bene, ci sono tre validi motivi per non praticare questo credo.

1) Nell'Esodo 3:14, Dio dice: "Io sarò colui che sarò". Vuole farci sapere che Egli evolve e, dal momento che evolve, altrettanto lo fa ogni altra cosa, compresa l'umanità e la Bibbia. Una Bibbia "che evolve" non si può definire "assoluta". Tuttavia, se si insiste al voler credere alla verità assoluta, si deve anche credere alla verità assoluta dell'Esodo 3:14 che, come sappiamo, apre le porte all'evoluzione.

2) La Bibbia non è stata presentata direttamente al cristianesimo. È stata consegnata a Mosè 3.300 anni fa sul monte Sinai, 1.000 anni prima della nascita di Cristo, fu data agli anziani di Israele e di lì tramandata. Nel corso del tempo, sono state apportate modifiche e aggiornamenti tramite la Legge Orale, in seguito denominata Talmud ma, come sappiamo, la chiesa cristiana non ha adottato queste modifiche, in quanto non consapevole dell'esistenza della Legge Orale o semplicemente perché si è preferito osservare la "Parola di Dio" contenuta nel testo originale.

3) Scienza e tecnologia sono i migliori strumenti che abbiamo a disposizione per far progredire la nostra civiltà. Credere nella verità assoluta della Bibbia rappresenta un grosso ostacolo per il progresso scientifico. La verità assoluta ci blocca in un mondo di 3.300 anni fa mentre, in realtà, viviamo in un ben diverso XXI secolo. La vita è evoluta moltissimo da quando la Bibbia è stata scritta. La società contemporanea non può accettare la verità assoluta della storia di Adamo ed Eva, in cui un serpente tenta Eva perché mangi il frutto dell'albero della "conoscenza del bene e del male".

GLI EPISODI DELLA BIBBIA NON DOVEVANO ESSERE INTESI COME REALI.

Le storie bibliche avevano lo scopo di essere comprese dai popoli antichi per i quali furono scritte. Se per molti aspetti la Bibbia non è allineata con la società moderna, possiede però anche un'infinità di aspetti ai quali è possibile ancora fare riferimento, ed è per questo motivo che rimane il libro più venduto di tutti i tempi. La sua immensa influenza sulla civiltà occidentale si riflette in campi come scienza, tecnologia e medicina, campi nei quali abbiamo ampiamente superato la civiltà orientale—il che è dovuto in gran parte agli effetti della Bibbia sulla nostra cultura.

Se i leader della comunità cristiana moderna riuscissero finalmente ad accettare la logica e gli enormi vantaggi dell'adattare la Legge Orale ai principi originali della Bibbia Scritta, verrebbero risolti ulteriori conflitti tra scienza e religione, eliminando gli antichi ostacoli al progresso scientifico e tecnologico. Di contro, insistendo sulla verità assoluta, i credenti, magari inconsapevolmente, dissuadono le generazioni future dal perseguire determinate carriere o stili di vita, il che compromette le nostre potenzialità rispetto all'eterna ricerca della conoscenza.

L'esempio più deprimente di come la fede nella verità assoluta possa influenzare la vita delle persone è illustrato alle pagine 321 e 322 del libro di Richard Dawkins, *L'illusione di Dio*, in cui scrive quanto segue:

> Il geologo americano Kurt Wise era un giovane scienziato molto qualificato e promettente, avviato, come desiderava, sulla strada dell'insegnamento universitario e impegnato nella ricerca in un'università seria.
> Sventura volle che circostanze non esterne, ma interne, gli sconvolgessero la mente; una mente fatalmente minata e indebolita da un'educazione religiosa integralista che lo costringeva a credere che la Terra, di cui egli si era occupato nei suoi studi geologici a Chicago e Harvard, avesse meno di diecimila anni di età.
> Wise era troppo intelligente per non riconoscere il conflitto insanabile tra religione e scienza e questo conflitto interiore

cominciò a procurargli un crescente disagio. Un giorno, esasperato, sistemò la questione con un paio di forbici. Prese una Bibbia, la rilesse e tagliò tutti i brani che non si accordavano con la visione scientifica del mondo. Alla fine di quell'impresa faticosa e spietatamente onesta, del libro rimase pochissimo: 'nonostante i miei sforzi, e benché i margini fossero rimasti intatti, mi era impossibile prenderla in mano senza che mi si sbriciolasse tra le dita. Dovetti scegliere tra evoluzione e Scrittura. O la Scrittura era vera e l'evoluzione era falsa, o l'evoluzione era vera e dovevo gettare la Bibbia ... Quella notte accettai la Parola di Dio e rifiutai tutto quello che l'avrebbe contraddetta, compresa l'evoluzione. Così, con grande dolore, gettai alle ortiche tutti i miei sogni e le mie speranze di scienziato'.

Che tragedia assurda! Proviamo ad immaginare, invece, un mondo che non sia bloccato nella verità assoluta della Bibbia: un mondo senza senso di colpa, ma che in ogni caso non rovina l'integrità originale della Bibbia. Gli americani amano la libertà sopra ogni cosa. Liberandosi dai sensi di colpa per studiare e scoprire cose nuove nei campi della scienza e della tecnologia, l'America farebbe passi avanti come non si sono mai visti, sorpassando qualsiasi altro paese—e sorpassando anche le generazioni che ci hanno preceduto.

In sostanza, quando la scienza scoprirà la risposta più elusiva di tutti i misteri dell'universo—la teoria del tutto—realizzerà l'obiettivo più grande che Dio ha dato all'uomo fin dall'inizio:

> Saremo ciò che saremo, creando nuova vita sulla Terra, che sarà più lunga, più sana e in armonia e in pace eterna gli uni con gli altri.

COESISTENZA PACIFICA TRA SCIENZA E RELIGIONE

La Legge Orale (Torah Orale) è la pietra di passaggio perenne per la pacifica coesistenza tra religione e scienza. È un po' come il manuale di istruzioni per la corretta comprensione del Vecchio Testamento. Siccome il cristianesimo ignora questo utilissimo compendio da oltre 2.000 anni, non sorprende che molte denominazioni della fede da lungo tempo dipendano esclusivamente dal testo biblico per la loro verità assoluta.

Il Professore Emerito Uriel Simon dello Zalman Shamir Bible Department della Bar-Ilan University afferma che il suo dipartimento ha sempre combattuto con la tensione tra l'impegno nei confronti della fede e della tradizione e l'accettazione delle ricerche scientifiche documentate.

> "...Uno dei principali aspetti del fondamentalismo religioso", dice, "è credere che la Scrittura abbia un significato autorizzato eterno e stabilito che ci limita. Con questo tipo di approccio, se la Torah dice 'occhio per occhio', dovremmo cavare un occhio al nostro aggressore, così come in Arabia Saudita ancora amputano le mani ai ladri. Dovremmo piuttosto credere al sommo principio della Legge Orale, secondo il quale la Torah si aggiorna costantemente attraverso l'interpretazione degli esperti della Legge. Così come i Rabbini intendono il concetto di 'occhio per occhio' come risarcimento pecuniario, ci dobbiamo anche chiedere in modo responsabile e onesto in merito a qualsiasi argomento—sia esso nazionale, politico, morale, legale, sociale (per esempio la condizione della donna)—quale potrebbe essere la corretta interpretazione dei versi della Torah rispetto alla situazione attuale?".

È consentito reinterpretare la Scrittura? Secondo il Professor Simon:

> Dipende dall'equilibrio tra impegno reale nei confronti della santità della Torah e il riconoscimento dell'esigenza di trovare interpretazioni adatte al bisogno del momento. La posizione ultraortodossa rispetto al sionismo religioso è ben nota, che in linea di principio è come l'ebraismo riformato, in quanto non esistono limiti stabiliti per l'innovazione. In realtà, tutte le persone veramente religiose sanno che esistono limiti, determinati dalla purezza della nostra comprensione, responsabilità e devozione. Il successo di una religione sta nell'armonizzare continuità e cambiamento.

Per rispondere alla domanda sui giudizi critici alla Bibbia rispetto alle moderne scoperte scientifiche, il Professor Simon dice:

> La risposta esatta è di natura dialettica. In tutti i casi di conflitto tra fede religiosa e tesi scientifica, dobbiamo risalire alla radice della collisione e delimitarne esattamente il campo. Se non è possibile operare una scelta, si può offrire una nuova interpretazione della fede religiosa come riportata ne *La guida dei perplessi* di Maimonide.(2:25)

Rispetto alle incongruenze tra scoperte archeologiche e testo biblico, il professore aggiunge:

> L'archeologo deve operare una distinzione tra fatti e interpretazione. Gli archeologi secolari possono giungere a conclusioni improbabili per la mancanza di scoperte, ad esempio l'assenza

di qualsiasi tipo di materiale o prova testuale della schiavitù degli Israeliti in Egitto e del miracolo dell'esodo. Ammetto che mi disturba non poco il fatto che la letteratura dell'antico Egitto non menzioni minimamente Giuseppe e Mosè, né tantomeno l'evento ai limiti dell'ultraterreno delle Dieci Piaghe.

Offre però una possibile soluzione:

Prendiamo il testo come metafora, che è chiaramente uno strumento omiletico. Questa è la linea adottata da Ahad Ha'am nel suo articolo "Mosè», in cui afferma che non importa se Mosè sia stata una figura storica o letteraria; la cosa importante è il patrimonio culturale che incarna. Tuttavia questa tecnica non dovrebbe essere abusata, perché la verità dei fatti ha un potere squisitamente persuasivo rispetto alla verità artistica. È meglio attenersi per quanto possibile alla storicità della Bibbia, a condizione che venga contraddetta da fatti reali, e conservare una rigorosa onestà intellettuale. Solo quando la storicità è minata, possiamo ricorrere alla metafora come "rete di sicurezza".

Le parole del Professor Simon sono la voce della ragione e dell'intelletto: dovrebbero risuonare a tutto volume a ogni angolo del mondo contemporaneo.

CAPITOLO 18

La Bar-Ilan University

Un ottimo esempio della proficua coesistenza tra scienza e religione lo ritroviamo nella Bar-Ilan University, il più grande istituto israeliano di istruzione superiore, con circa 35.000 studenti di culture e religioni diverse, che lavorano e studiano in totale armonia tra lezioni, laboratori e biblioteche. Oltre alla comunità composta da centinaia di illustri scienziati impegnati in ricerche all'avanguardia, l'università vanta anche un gruppo di studiosi di archeologia alla ricerca di prove tangibili di carattere biblico. La prima scoperta è stata Golia.

L'eccezionale comunità scientifica della Bar-Ilan University opera in conformità alla tradizione ebraica, investendo sforzi ed energie all'integrazione del vecchio con il nuovo, dell'antico con il moderno, del sacro con il profano, dello spirituale con lo scientifico.

È interessante notare che nel logo della Bar-Ilan University le prime due lettere dell'alfabeto ebraico, *aleph* e *bet*, si fondono per riflettere il doppio obiettivo: eccellenza accademica e studio del patrimonio culturale ebraico.

Aleph è il simbolo della ricerca della saggezza divina e Bet è il simbolo della creazione e del mondo delle scienze.

Come troviamo scritto sul sito web dell'università, i sacri principi dell'ebraismo sono considerati come manifestazione dell'unicità del popolo ebraico, secondo quanto stabilito dalla sua creazione. Tra gli obiettivi principali dell'università troviamo l'amorevole tutela di questi principi allo scopo di formare e preparare studiosi, ricercatori e uomini di scienza con profonda conoscenza della Torah e pervasi dallo spirito originale dell'ebraismo e dall'amore per i propri fratelli.

Ciò che ha reso unica la Bar-Ilan University negli ultimi anni è stato l'ampliamento delle attività di ricerca grazie al notevole aumento del numero di studenti ricercatori, grazie a borse di studio e altri programmi didattici. L'università ha inoltre creato ottimi programmi di studi interdisciplinari, intensificando la ricerca e l'istruzione in campi all'avanguardia, tra cui la biologia computazionale, le biotecnologie, le nanotecnologie, ecc.

Dall'alto della sua leadership, riconosciuta a livello mondiale, nei settori della nanotecnologia, dell'archeologia biblica e dell'ingegneria, fino ai 1.800 corsi sull'ebraismo offerti sotto gli auspici della più grande facoltà universitaria di studi ebraici del mondo, la Bar-Ilan University fa la differenza perché guarda nel microscopio mentre srotola la Torah.

Ultimamente ho avuto l'occasione di conoscere il Rettore della Bar-Ilan University, il Professor Moshe Kaveh. Dopo l'incontro, ho capito il motivo del successo della Bar-Ilan. Il professore dovrebbe dare lezioni in ogni chiesa e sinagoga del mondo per convincere il prossimo che religione e scienza possono tranquillamente lavorare in modo armonico.

CAPITOLO 19

La religione fa bene?

"Se qualcosa in me può essere chiamato religioso è la mia sconfinata ammirazione per la struttura del mondo che la scienza ha fin qui potuto rivelare".

—Albert Einstein

Il 4 giugno 2000, il Dott. Raj Pasuud ha scritto quanto segue nel *Sunday Times*:

> Vuoi vivere più a lungo? La ricerca medica del National Institute of Healthcare Research statunitense consiglia di andare in chiesa, piuttosto che andare in palestra.

Questo studio dimostra che le persone di fede non soffrono di ipertensione rispetto alle persone non credenti.

> Le probabilità di sopravvivere a una patologia coronarica, nei soggetti con intensa attività religiosa, sono risultate maggiori del 29% rispetto a quelli che hanno dichiarato un'attività molto meno intensa. La scienza, inoltre, sostiene il concetto che l'attività religiosa è molto più utile rispetto alla banale

sensazione di avere un gruppo di sostegno. Per esempio, una recente ricerca svolta nei kibbutz israeliani, che com'è noto sono comunità coese nelle quali ci si aiuta l'un l'altro, rivela che la vita nei kibbutz religiosi ha un tasso di mortalità di gran lunga inferiore rispetto a quelli laici.

Perché quasi tutti gli esseri umani in tutte le culture conosciute credono in Dio (*o più dei*), accettando consuetudini, istituzioni e dogmi creati dalle diverse religioni?

Perché grandi menti come Sant'Agostino, San Tommaso d'Aquino, Cartesio, William James e finanche Einstein sono diventate credenti?

La ricerca dimostra che la religione fa molto bene alla salute di chi la pratica, e fa bene anche alla società. Le persone religiose sono più felici, più caritatevoli, hanno famiglie più stabili e contribuiscono maggiormente alle loro comunità.

Ciò che dà maggior prova dei benefici della religione è l'ateo che con l'andar del tempo diventa credente. In uno studio svolto dal Professor Armand Nicholi, Jr. si legge:

> Diversi anni fa ho condotto un progetto di ricerca sugli studenti della Harvard University che, mentre frequentavano l'università hanno vissuto una "conversione religiosa". Ho avuto lunghi colloqui con questi studenti e anche con persone che li conoscevano bene prima e dopo la loro conversione. Si trattava dell'espressione di una patologia che li faceva sentire emarginati o li portava all'autodistruzione, oppure erano in grado di adattarcisi in modo costruttivo? Queste esperienze hanno migliorato o compromesso il loro andamento? I risultati, pubblicati nell'*American Journal of Psychiatry*, rivelano che ciascun soggetto ha dichiarato

un "marcato miglioramento dell'autostima [compreso] un cambiamento radicale nello stile di vita, con improvvisa interruzione del consumo di alcool, droghe e tabacco; maggior controllo degli istinti sessuali con l'adozione di norme rigide, tra cui castità e matrimonio fedele; migliori risultati accademici; maggiore fiducia in se stessi e maggior contatto con il sé profondo; migliori capacità di stabilire "rapporti intimi e soddisfacenti"; migliore comunicazione con i genitori, anche se molti genitori all'inizio hanno espresso una certa preoccupazione per l'improvviso e piuttosto intenso interesse religioso dello studente; un altro aspetto positivo è stata la scomparsa della "angoscia esistenziale", con minore ansia rispetto allo scorrere del tempo e alla paura della morte".

Un'altra ottima descrizione dei vantaggi della religione è fornita dal Dott. Harold Koenig della Duke University.

Il vantaggio della devota pratica religiosa, in particolare integrandosi in una comunità molto attiva dal punto di vista religioso, aiuta le persone a stare meglio. In generale, gestiscono meglio lo stress, mostrano una sensazione generale di benessere perché hanno maggiore speranza, sono più ottimiste, si deprimono meno, sono meno ansiose e il tasso di suicidio è molto basso. Non bevono troppo, non fanno uso di droghe, fumano poco e hanno uno stile di vita sano. Hanno sistemi immunitari molto forti, non soffrono di ipertensione, godono di migliori funzioni cardiovascolari e minori problemi ormonali e fisiologici—con livelli più equilibrati di cortisolo e adrenalina [ormoni dello stress]. E vivono di più.

La sociobiologia, nuovo ramo delle scienze comportamentali, resa famosa da Edward O. Wilson della Harvard University, ha svolto ampi studi e ha scoperto alcune motivazioni biologiche che spingono gli esseri umani verso la religione.

Per comprendere come si sviluppa la religione, diamo uno sguardo allo sviluppo del linguaggio. Nessun animale è in grado di comunicare verbalmente come noi. Ciò è dovuto al fatto che il cervello umano ha due aree particolari: l'area di Broca e l'area di Wermicke (entrambe nel lobo sinistro), nelle quali i neuroni sono connessi in modo da formare un meccanismo che riconosce i rapporti tra le parole contenute nelle frasi. Il cervello è strutturato in modo tale che anche i bambini più piccoli in genere riescono a percepire cosa dicono le persone che sono intorno.

La religione funziona in modo simile. Come ha dichiarato il Professor Walter Burkert dell'Università di Zurigo: "È possibile considerare la religione come una lingua... un antico ibrido tra tradizioni culturali e biologiche". Secondo Burkert abbiamo capacità biologiche per sentire il bisogno, imparare, apprezzare e praticare una religione.

I sociobiologi hanno sempre sostenuto che l'umanità ha esigenze che sono soddisfatte dalla religione. È il modo per allentare le paure per le cose che non riusciamo a spiegarci altrimenti. Con lo sviluppo della capacità di comunicare verbalmente, l'uomo è stato in grado di sviluppare concetti inconcepibili per i nostri antenati, come la consapevolezza del rischio e della morte, il concetto di tempo, di passato e futuro, la ricompensa e il castigo, la soddisfazione per la soluzione di un problema, il piacere dell'estetica, la sorpresa e lo stupore.

La maggior parte di noi, dai tempi antichi a oggi, dà un senso alle esperienze sconcertanti—siano esse positive che negative—ricorrendo alla religione. Di fronte alle incertezze e ai pericoli del futuro, preghiamo Dio nella speranza di ottenere un risultato positivo. Per affrontare la tragedia della perdita di una persona cara e la paura della morte, cerchiamo di rassicurarci sull'esistenza di una vita dopo la morte. Contro le ingiustizie, le discriminazioni e le dure difficoltà della vita, cosa c'è di più confortante delle delizie del Paradiso promesso da Dio? E quando le cose vanno bene, cosa c'è di più giusto se non ringraziare Dio per tutta la Sua generosità e il Suo amorevole aiuto?

La religione funge anche da collante sociale. Secondo Wilson:

> La religione ha un potentissimo alleato, il tribalismo. Sciamani e sacerdoti hanno sempre predicato:

> *Credi nei rituali sacri. Unisciti a noi e diventerai parte di una forza immortale.*

Come abbiamo visto, andare in chiesa fa bene, ma non c'è motivo per non andare anche in palestra.

Un articolo pubblicato il 13 gennaio 2015 su *Science Codex* ha per titolo: "Gli americani che vanno in sinagoga godono di ottima salute". Questa è la conclusione a cui è giunta l'Institute for Studies of Religion della Baylor University, in seguito a uno studio svolto su oltre 5.000 ebrei adulti residenti nelle quattro città statunitensi con maggiore popolazione ebrea: New York, Boston, Chicago e Philadelphia.

Secondo il Professor Jeff Levin, docente di epidemiologia e profilassi, insegnante di "medical humanities", nonché responsabile del programma *Religion and Population Health* presso l'Institute for Studies of Religion (ISR), "gli adulti che praticano la religione ebraica frequentando regolarmente la sinagoga godono di salute nettamente migliore rispetto agli atei o ai non praticanti". Queste affermazioni valgono per tutte le denominazioni dell'ebraismo e anche per chi si reca in sinagoga con minore frequenza. Inoltre, coincidono perfettamente con i numerosi studi svolti nel corso degli anni su comunità cristiane, secondo i quali "chi ha una forte identità religiosa e partecipa alle funzioni sembra stare, in media, di gran lunga meglio in salute rispetto a chi non ha una vita spirituale attiva".

Questo studio è stato pubblicato nel numero di gennaio del *Journal of Religion and Health*.

CAPITOLO 20

Un tocco di scienza nella Bibbia

Nell'episodio di Giacobbe, Labano (il padre delle sue due mogli, Rachele e Lea) gli chiede di accudire al suo gregge. Quando Giacobbe accetta, Labano gli chiede come volesse essere ricompensato e Giacobbe gli risponde:

> Passerò quest'oggi fra mezzo a tutti i tuoi greggi, mettendo da parte, di fra le pecore, ogni agnello macchiato e vaiolato, e ogni agnello nero; e di fra le capre, le vaiolate e le macchiate. E quello sarà il mio salario. (Genesi 30:32)

Siccome gli agnelli e le capre con queste caratteristiche erano in netta minoranza, Labano accetta pensando di aver fatto un ottimo affare.

Con il passar del tempo, Giacobbe escogitò un metodo per far nascere molte più pecore, capre e agnelli di colore nero o macchiato di quanto se ne possano trovare in natura. Così facendo creò un allevamento numerosissimo.

> E quest'uomo diventò ricco oltremodo, ed ebbe greggi numerosi, serve, servi, cammelli e asini. (Genesi 30:43)

Qui la Bibbia descrive in modo decisamente chiaro come la ricerca possa essere uno strumento che, se utilizzato correttamente, può creare enorme ricchezza per l'inventore intraprendente. La scienza è fantastica! Come facciamo a saperlo? È scritto nella Bibbia.

CAPITOLO 21

Il pianeta eletto

Secondo la Bibbia, Dio ha scelto Abramo e i suoi discendenti affinché trasmettessero il suo culto monoteista al mondo intero. Il credere in un solo Dio ha avuto inizio con il piccolo popolo israelita—antenati degli ebrei—che lo custodirono per 1.000 anni prima che si diffondesse a macchia d'olio nel resto del mondo attraverso il cristianesimo e l'islam.

Recenti scoperte forniscono prove convincenti che probabilmente siamo soli nell'universo. Da oltre vent'anni il SETI Institute è alla ricerca di forme di vita intelligente nello spazio, utilizzando tecnologie in grado di captarle. La possibilità che tra i trilioni di astri dell'universo possa esistere una specie simile a noi e in possesso di avanzati mezzi di comunicazione è quanto meno remota. Sulla base degli sforzi fatti, si spera che il SETI possa ricevere almeno un segnale per poter ipotizzare l'esistenza di vita extraterrestre. Per il momento c'è il silenzio assoluto.

Dal nostro primitivo punto di vista, la Terra era al centro dell'universo ed era stata creata direttamente da Dio. Questa concezione ci ha fatto sentire unici e speciali. Da allora abbiamo scoperto che l'universo è immenso e che la Terra non è altro che una piccola componente di un piccolo sistema solare all'interno di una galassia—la Via Lattea—che contiene miliardi di altri pianeti, di cui molti più grandi del nostro.

Quanto più scopriamo sull'enorme universo in cui viviamo, tanto più sembriamo insignificanti al suo cospetto. Siamo partiti come giganti, o almeno così ci dettava la nostra limitata sapienza, ma attraverso i secoli ci vediamo ridotti alle dimensioni di una formica, se non più piccoli. Ci si potrebbe chiedere cosa gliene importa a Dio di noi e perché dovremmo meritare un Dio personale. Nonostante la sua ammissione di fede, Einstein si disse scettico rispetto all'esistenza di un Dio personale.

La probabilità di essere soli in questo universo infinito dovrebbe fornirci prove sufficienti per credere di essere più importanti di quanto credessimo prima. Lasciamo perdere formiche e giganti: siamo di statura maggiore e anche in maniera incommensurabile. Alcuni scienziati sono convinti che un giorno saremo in grado di viaggiare attraverso sistemi solari e galassie allo scopo non solo di visitare, ma anche di popolare di esseri umani lo spazio profondo.

L'esplorazione più recente dello spazio è avvenuta il 5 agosto 2012, con il perfetto touchdown sulla superficie di Marte del rover Curiosity, costato alla NASA 2,5 miliardi di dollari. Il progetto prevedeva due anni e mezzo di studio del cratere Gale per cercare segnali che indicassero se sul Pianeta Rosso ci fosse mai stato un minimo di vita.

Così come Dio designò un piccolo popolo su un piccolissimo pianeta di un remoto sistema solare a diffondere la Sua parola, magari un giorno dipenderà da noi diffondere il Suo messaggio all'infinito e oltre. Come ti fa sentire una cosa del genere? La risposta logica è: Eletto!

CAPITOLO 22

Le scoperte della scienza moderna

Ormai da tempo i teologi riconoscono che la Bibbia e altri testi antichi ad essa correlati contengono numerosi esempi di conoscenze scientifiche, in genere attribuite alla ricerca moderna.

Gli esempi che seguono dimostrano ampiamente che la saggezza della Bibbia andava ben oltre le conoscenze dei nostri primitivi antenati:

LA TEORIA DEL BIG BANG È CONFERMATA NELLA GENESI

La Bibbia dice: "In principio Dio creò il cielo e la terra". (Genesi 1:1) Prima della teoria del Big Bang, gli scienziati credevano che l'universo fosse sempre esistito e che non ci fosse mai stato un "inizio".

LA TERRA È UNA PALLA SOSPESA NELLO SPAZIO

Nello Zohar (il Libro dello Splendore), che è stato scritto 2.000 anni fa, si legge:

> Il mondo e i popoli che lo abitano girano come una palla. Metà di essi si trovano nell'emisfero superiore della palla e l'altra

metà nel suo emisfero inferiore. I popoli che vivono in una metà sono diversi da quelli dell'altra metà, con volti diversi, perché il clima varia di luogo in luogo. Quando la luce illumina una metà, le tenebre calano sull'altra. Ed esiste un luogo nel mondo in cui il giorno è molto, molto lungo e la notte è molto breve. Il segreto è stato rivelato ai saggi della Torah.

DA UN CONTINENTE NE SONO NATI ALTRI

È evidente, guardando un mappamondo, che un tempo tutti i continenti erano attaccati l'uno con l'altro. Per esempio, la costa orientale del Sud America combacia con la costa occidentale dell'Africa. La Torah fa riferimento all'esistenza di un unico blocco di terra quando si legge: "Iddio disse: 'raccolgansi le acque di sotto al cielo in un luogo solo, in guisa che apparisca l'asciutto'; e fu così".

Mille anni dopo, lo Zohar parla di questa divisione, mentre nella Bibbia troviamo: "[Dio] sposta le montagne e non lo sanno, egli nella sua ira le sconvolge". (Giobbe 9:5) Il medesimo episodio è menzionato anche nel Talmud.

L'ENERGIA ELETTROSTATICA È STATA CATTURATA MOLTO PRIMA DELL'AQUILONE DI FRANKLIN

Come tutti ben sappiamo, Benjamin Franklin ha scoperto il parafulmine nel XVIII secolo. Il Talmud, scritto 2.000 anni prima, dice che: ...non bisogna mettere una barra di metallo tra i polli, perché così fanno gli Elamiti, di certo non noi". (Shabbat, capitolo 7) Tuttavia il Talmud consente di utilizzare una barra di metallo per catturare l'energia elettrostatica. Secoli dopo, Benjamin Franklin si è aggiudicato il merito di aver utilizzato un aquilone durante un temporale, ottenendo il medesimo risultato.

ENERGIA E MATERIA SONO ETERNE

La materia può essere convertita in energia e viceversa. Così è scritto nella Bibbia, nel libro dell'Ecclesiaste, attribuito agli scritti di 2.800 anni fa di Re Salomone:

> "Io ho riconosciuto che tutto quel che Dio fa è per sempre; niente c'è da aggiungervi, niente da togliervi".

Nel Talmud troviamo:

> Un corpo terreno non può scomparire. Anche se prende fuoco, non scomparirà dal mondo.

Questa affermazione, per noi persone del XXI secolo, significa che l'energia non muore mai, quindi è perfettamente allineata alla teoria enunciata da Einstein nel XX secolo, $E=MC^2$

Un'altra sezione della Bibbia fa riferimento al sacrificio di una giovenca rossa, usata per la rimozione di un determinato peccato. La Bibbia dice che la giovenca rossa doveva essere controllata in diciotto punti per essere dichiarata pura. Mosè, a dispetto del credo popolare, suggerì di non amputarla per verificare il suo stato di salute, ma di metterla davanti a una colonna di fumo per poter vedere i suoi organi interni. Grazie al suo consiglio, il procedimento diventò prassi comune, secoli prima dell'invenzione dei raggi X.

ONDE SONORE (O VOCALI) INFLUISCONO SULLA MATERIA

Nell'esporre una sua tesi, uno studente di chimica dell'israeliana Bar-Ilan University ha detto:

> Ho preso tre piatti e in ciascuno di essi ho messo dei fagioli, adagiandoli su uno strato di ovatta. Per due settimane ho bagnato tutti i giorni il primo piatto con l'acqua del rubinetto, null'altro. Con il secondo piatto ho fatto altrettanto, maledicendolo ripetutamente. Anche con il terzo ho usato l'acqua del rubinetto, ma bagnandolo ho letto brani tratti dal Libro dei Salmi, ringraziando Dio per l'acqua e il cibo che ci dona. Nel giro di due settimane ho notato la differenza. Nel primo, al quale non ho fatto altro che dare acqua, la pianta è cresciuta normalmente. Quella alla quale ho letto i Salmi e pregato Dio è cresciuta il doppio. E quella che ho maledetto non è cresciuta affatto.

Il Talmud dice:

> "Ciò che una persona dice e pensa risuona nell'alto dei cieli, influenzando quanto accade nel mondo".

L'ANESTESIA TOTALE È STATA USATA IN CHIRURGIA 2.000 ANNI FA

Il Talmud racconta la storia, vecchia di 2.000 anni, del rabbino Eliazer (figlio di Simon Bar Yohai), il cui figlio si ammalò gravemente. Dopo averlo adagiato sul letto e avergli somministrato una pozione per addormentarlo, l'addome del ragazzo venne aperto e ne fu estratto "grasso a cesti". Dopo averlo ricucito, si ristabilì subito. (Bava Metzia 83:2)

L'EMBRIONE DIVENTA FETO DOPO IL 40° GIORNO

Il Talmud dice che non si può parlare di aborto spontaneo se questo avviene prima del quarantesimo giorno di gestazione. Secondo la legge talmudica, l'embrione diventa feto il quarantunesimo giorno, quando il cervello comincia a funzionare, non prima. Le tecnologie del ventunesimo secolo dimostrano che l'embrione diventa feto alla fine dell'ottava settimana di gestazione, o intorno al cinquantaseiesimo giorno. Considerando i progressi della tecnologia che ci sono voluti per arrivare a quest'ultima affermazione, possiamo concludere che questi numeri non sono poi così distanti.

I GEMELLI SONO CONCEPITI CONTEMPORANEAMENTE

Nei tempi antichi si credeva che una donna, per poter concepire figli gemelli, doveva giacere con il marito in due momenti diversi. Il Talmud racconta la storia di un uomo che mise incinta la moglie dopo essersi accoppiato con lei una sola volta. Poi lui si allontanò per tre mesi e, quando la moglie partorì, ebbe due gemelli. Il marito ne fu sconvolto, in quanto pensò che la moglie lo avesse tradito. Si rivolse ai saggi, ai quali disse che sicuramente la moglie lo aveva tradito con un altro uomo mentre era via: aveva avuto due gemelli e lui era stato con lei una volta sola nel periodo del concepimento. I saggi gli risposero che sbagliava a non credere alla moglie e gli spiegarono che l'embrione è in grado di dividersi in due. Gli dissero così:

"I nostri maestri insegnano che una donna non può concepire un'altra volta durante la gravidanza. Può farlo solo una volta e per tutta la sua durata". Il rabbino rassicurò l'uomo che si trattava solo di una "goccia" che si era divisa in due. (Niddah 27:1)

LA CIRCONCISIONE SI FA L'OTTAVO GIORNO PER OVVI MOTIVI

La Bibbia dice che la circoncisione non va eseguita prima dell'ottavo giorno di vita, perché fino ad allora il sangue non si coagula come dovrebbe, il che esporrebbe il bambino al rischio di un'emorragia fatale.

CAPITOLO 23

Il libero arbitrio

Secondo *Il grande disegno* di Stephen Hawking e Leonard Mlodinow, non abbiamo il libero arbitrio:

> Anche se abbiamo l'impressione di poter scegliere che cosa fare, ciò che sappiamo della base molecolare della biologia indica che i processi biologici sono governati dalle leggi della fisica e della chimica e pertanto sono determinati come le orbite dei pianeti. Recenti esperimenti nel campo delle neuroscienze corroborano l'idea che sia il nostro cervello fisico a determinare, seguendo le leggi scientifiche note, le nostre azioni, e non un qualche agente che opera al di fuori di tali leggi. Per esempio, uno studio condotto su pazienti sottoposti a chirurgia cerebrale da svegli ha stabilito che stimolando elettricamente le appropriate regioni del cervello è possibile creare nel paziente il desiderio di muovere la mano, il braccio o il piede, oppure di muovere le labbra e parlare. È difficile immaginare come possa operare il libero arbitrio se il nostro comportamento è determinato dalla legge fisica, e così sembra che non siamo nient'altro che macchine biologiche e che il libero arbitrio sia soltanto un'illusione.

Per rafforzare la loro tesi, gli autori aggiungono:

Anche l'economia è una teoria efficace, basata sul concetto di libero arbitrio e sull'ipotesi che le persone valutino le loro possibili linee d'azione alternative e scelgano la migliore. Tale teoria efficace ha un successo soltanto parziale nel predire il comportamento perché, come ben sappiamo, le decisioni sono spesso irrazionali o sono basate su un'analisi imperfetta delle conseguenze della scelta. Questa è la ragione per cui il mondo è in uno stato così caotico.

Secondo la concezione moderna, l'esistenza del libero arbitrio è ancora incerta e sembra dipendere dalla biologia e dal fatto che le reazioni dell'organismo, risultato di chimica e fisica, siano predeterminate: il classico esempio di causa ed effetto.

Duemila anni fa, i saggi del Talmud e il loro leader, il rabbino Akivah, conclusero che il libero arbitrio ha dei limiti: *Hakol tsafooy ve' hareshoot netoonah* e cioè "tutto è prevedibile se è concesso il permesso". (Talmud, Etica dei Padri) Ciò significherebbe che se tutto è prevedibile, ci è concesso il permesso di disturbare quella legge, e l'autorizzazione ci viene da Dio. In altre parole, sembra che Dio ci consente di prendere alcune decisioni da soli; un'osservazione particolarmente astuta da parte dei saggi, considerando che è stata fatta due millenni fa, prima che la scienza ci consentisse di studiarne la complessità con un minimo di controllo.

La scienza moderna dice che esistono due fattori che controllano il nostro comportamento: i geni e l'ambiente. Quindi persone con geni diversi reagiscono in modo diverso in situazioni simili. Dagli studi eseguiti sui gemelli, riscontriamo che perfino chi è cresciuto in famiglie diverse mostra reazioni simili al proprio ambiente rispetto a persone biologicamente dissimili.

La tesi del libero arbitrio limitato stimola la laboriosità. Piuttosto che rimanere passivi rispetto a degli aspetti della nostra vita che non ci sono gradevoli, dobbiamo sforzarci di più affinché le cose possano cambiare come desideriamo. Per questo motivo darsi da fare è molto importante per una vita soddisfacente. Gli individui passivi, per loro natura, non esercitano il libero arbitrio come quelli che affrontano la situazione di petto. Del resto abbiamo il permesso di cambiare il corso della nostra vita, ma, a meno che non intendiamo abbandonare il nostro ambiente sicuro, affrontando di conseguenza determinate difficoltà, rischiamo di non riuscire ad andare avanti.

CAPITOLO 24

Riparare il mondo

TIKKUN OLAM: LA VISIONE ANCESTRALE RIVISITATA

> Quando non vi è visione, il popolo è dissipato. (Proverbi 29:18)

La tesi più frequente e interessante sull'inesistenza di Dio è il perenne problema della sofferenza umana.

Ci chiediamo perché un Dio benevolente tolleri tutte le miserie del mondo—disastri naturali, epidemie, carestie, per non parlare delle violenze perpetrate dall'uomo—senza fare nulla per arrestarle.

Il parroco Burt D. Ehrman, docente di studi religiosi presso la University of North Carolina di Chapel Hill, ha scritto diversi libri, tra cui l'ultimo, *God's Problem: How the Bible Fails to Answer Our Most Important Question—Why We Suffer*. Non avendo trovato risposta all'annoso dilemma, Ehrman ha completamente perso la fede in Dio, arrivando al punto di abbandonare la chiesa.

L'eterno enigma sull'intervento o meno di Dio nasce dalla nostra convinzione che Egli sia onnipotente, che abbia il controllo totale su tutto ciò che avviene nell'universo, comprese le sofferenze dell'umanità. Travolti dalle circostanze, rimaniamo lì a chiederci perché Egli consenta che queste tragedie accadano sotto il Suo sguardo onnisciente. Però se prendessimo in considerazione quanto Dio dice nell'Esodo 3:14, cioè che evolve, non ci aspetteremmo che Egli possa aver creato un mondo perfetto.

Se riuscissimo a fare uno sforzo e a comprendere i limiti di Dio, saremmo in grado di apprezzare di più le meraviglie dell'universo, compresi i difetti del sistema, senza i quali non potrebbe funzionare altrettanto bene—o non funzionerebbe affatto. Nella sua magnifica imperfezione, quindi, l'universo è perfetto al meglio delle sue possibilità—malgrado le sofferenze umane e i disastri naturali.

Quindi la cattiva notizia è che Dio e il Suo universo sono fallaci, ma lo stesso vale per gli esseri umani, che sono stati fatti a Sua immagine. Detto questo, sembrerebbe che siamo destinati alla sofferenza, al caos ben oltre ogni prevedibile futuro—un quadro quanto meno spaventoso.

C'è però una buona notizia: proprio perché Dio ci ha creato a Sua immagine, siamo dotati di un cervello straordinario col quale possiamo ragionare. La nostra intelligenza, unita alla nostra innata sete di conoscenza, è insita nel sistema di Dio per aiutarci a trovare una miriade di soluzioni ai nostri problemi.

A pagina 21 del libro *Covenant & Conversation: Genesi*, il rabbino Jonathan Sacks scrive:

Il punto fondamentale della Genesi I è che Dio trascende la natura. Pertanto Egli è libero, slegato dalle leggi della natura. Creando gli esseri umani "a Sua immagine", Dio ci ha dato un'analoga libertà creando uomini in grado di essere creativi.

L'inedito racconto di Dio nel capitolo di apertura della Torah introduce un'altrettanta inedita concezione dell'essere umano e della sua capacità di trasformarsi.

Già nel secondo secolo veniva riconosciuto il potere dell'intelletto. A quei tempi, il testo della Mishnà del Talmud coniò l'espressione *Tikkun Olam*—tradotta come "riparare il mondo"—che da allora è stata utilizzata ripetutamente tra le generazioni a venire. Il rabbino cabalista Isaac Luria ha ridefinito il termine nel XVI secolo, ampliandone il significato: "migliorare il mondo", sottolineando il concetto mistico secondo il quale "piccole scintille possono portare l'armonia primordiale che ci eleva al divino". Quindi l'uomo può farsi controparte di Dio, riparando ciò che non va sulla Sua Terra. Nel XXI secolo, in Israele il termine è utilizzato per indicare progetti socialmente utili.

Dal mio punto di vista, se tutti i paesi illuminati unissero e mettessero insieme le proprie risorse per produrre progressi scientifici e tecnologici, piuttosto che dissiparle in corse agli armamenti e guerre, l'umanità sarebbe assolutamente in grado di soddisfare gli obiettivi descritti qui di seguito, secondo il progetto divino di Dio:

1. Alimentiamo il mondo–obiettivo: eliminare le carestie a livello globale tramite lo sviluppo di progetti e sistemi di agricoltura in grado di produrre enormi quantità di cibo, e programmi di formazione per insegnare ai paesi sottosviluppati come realizzare un programma alimentare sostenibile per le proprie popolazioni. Secondo l'*Organizzazione delle Nazioni Unite per l'alimentazione e l'agricoltura* (FAO) nel mondo ci sono 925 milioni di persone malnutrite o denutrite (principalmente in Asia e nei paesi del Pacifico, seguiti dall'Africa subsahariana, dall'Europa e dal Nord e Sud America), ma aggiunge anche che nel mondo c'è cibo sufficiente per far andare a letto 6,8 miliardi di individui con la pancia piena.

Verrebbe da chiedersi dove possa essersi inceppato il sistema per comprendere il motivo di questo malgoverno.

Il primo passo dovrebbe essere la creazione di una fondazione no-profit internazionale e privata, al fine di istruire e spingere i paesi sviluppati a unire le forze. Promuoveremmo questi programmi all'estero, nelle aree con disperato bisogno di formazione e di raccolti per sfamare le proprie popolazioni. E non dimentichiamo che l'agricoltura è il metodo più rapido ed efficace per creare numerosissimi posti di lavoro. Con un programma alimentare su scala mondiale, potremmo formare milioni di lavoratori specializzati nelle varie fasi di produzione. Inizieremmo assumendo giovani laureati, pensionati e disoccupati. La disoccupazione mondiale crollerebbe di colpo.

Esattamente come il Fondo Nazionale Ebraico si impegna a rendere il mondo un posto migliore sfruttando l'agricoltura, le energie rinnovabili e la ricerca medica, il programma "Alimentiamo il mondo" non sarà finanziato da grosse multinazionali, ma da donazioni di spiccioli. Il programma sarà finanziato con le decime e sostenuto dal know-how della scienza del XXI secolo. Nelle scuole in Israele, su ogni cattedra degli insegnanti c'è una scatoletta per le offerte, ed è prassi quotidiana per i piccoli studenti infilarci i loro spiccioli. Dopo otto anni, questo rito quotidiano diventa abitudine di vita che si tramanda di generazione in generazione. Il nostro progetto si diffonderebbe in tutto il mondo seguendo questa tradizione.

Circa vent'anni fa avevo un grosso ranch a Mineola, Texas, dove allevavo bovini, e due grandi allevamenti di mucche da latte a Delano e Fresno, in California. Nelle vicinanze, coltivavo mais ed erba medica per alimentare gli animali. Conosco in prima persona le soddisfazioni che dà questo tipo di lavoro—sia dal punto di vista finanziario che emotivo. Con "Alimentiamo il mondo" potremmo coltivare vaste aree degli Stati Uniti, trasformando l'arido deserto in terra per l'agricoltura. Grazie ai progressi della tecnologia, sono convinto che potremmo raggiungere il nostro obiettivo in tempi relativamente brevi. Fino a qualche tempo fa, l'America era considerata "il paniere del mondo" e sarebbe logico se ritornassimo a esserlo—potremmo esportare il 50% dei nostri raccolti in altri paesi per ripagare i costi del programma, e inoltre potremmo donare il restante 50% ai paesi bisognosi, ai quali insegneremo i segreti dell'agricoltura per diventare indipendenti.

Circa venti anni fa, ho letto nel *National Geographic* che i deserti del mondo sono in continua espansione con l'unica eccezione della terra di Israele, dove l'arida terra è costantemente convertita in terreno fertile per l'agricoltura. Questo è il tipo di risultato che il nostro progetto renderà possibile con l'aiuto di tutti i paesi del mondo coinvolti.

Potremmo inoltre promuovere un programma mondiale per la riduzione delle nascite, specie nei paesi in via di sviluppo, come ha fatto in passato la Cina—una mossa che potrebbe essere in gran parte il motivo della notevole crescita economica avuta negli ultimi venti anni e del florido futuro che ha davanti. Stabilizzando la popolazione mondiale sarà più facile garantire anche la stabilità dell'economia. Ciò non verrà imposto per mandato dei governi, ma attraverso programmi divulgativi sui metodi contraccettivi.

La buona notizia su questo fronte è che famosi filantropi, come Bill e Melinda Gates con la loro Bill & Melinda Gates Foundation, da anni lavorano per eliminare la fame e la povertà. Intervistato lo scorso anno da Fareed Zakaria della CNN, Bill Gates si è detto ottimista rispetto al futuro, visti i dati sempre più confortanti sul tasso di mortalità infantile.

Nel 1960 la cifra sconcertante era di oltre venti milioni, mentre nel 2015 era di circa sei milioni, un calo mai registrato prima, dovuto principalmente alla migliore alimentazione e all'uso diffuso dei vaccini.

2. Salviamo il mondo - obiettivo: la graduale eliminazione di tutte le malattie attraverso intense ricerche scientifiche, utilizzando tecnologia, tecniche e dispositivi chirurgici all'avanguardia, nonché le ultime scoperte della ricerca sulle cellule staminali e dell'ingegneria genetica.

Attraverso lo studio continuo dei meccanismi del cervello, magari un giorno la scienza potrà eliminare l'odio, la paura e l'intolleranza dalla mente umana. Quale modo migliore per garantire la fine dei conflitti e delle ostilità per dedicarci ad obiettivi più nobili?

Potremmo far venire inoltre ricercatori, scienziati e medici da altri paesi, affinché si uniscano alla nostra équipe con l'obiettivo comune di scoprire cure per le malattie più letali e resistenti di esseri umani e animali, nonché fare ricerche approfondite nel campo del controllo climatico e dell'esplorazione spaziale.

Nel frattempo, lo sviluppo di dispositivi di pre-allarme e la costruzione di edifici più resistenti proteggerebbe la popolazione mondiale dai disastri naturali e da quelli causati dall'uomo. Inoltre determinate aree desertiche convertite verranno rese abitabili per trasferire intere popolazioni da aree potenzialmente pericolose in luoghi più sicuri e più accoglienti.

La creazione di un programma internazionale rivolto a studenti ed esperti stranieri favorirebbe il loro ritorno nei rispettivi paesi di origine, dove potranno portare avanti gli obiettivi del programma, favorendo la creazione di un pianeta più sano e armonioso.

3. Liberiamo il mondo dalla negatività - obiettivo: la realizzazione di tecnologia informatica superintelligente per poter prendere le decisioni migliori per i risultati migliori, senza vincoli emotivi o rischi di errore umano. La ricerca e lo sviluppo di tecniche efficaci eliminerebbe l'impatto delle emozioni negative (vedi punto 2: Salviamo il mondo) sulla stessa frontiera che potrebbe essere conquistata attraverso la ricerca in campo medico. Con la ricerca scientifica e l'ingegnerizzazione del cervello umano, che potrebbe eliminare le emozioni negative dal nostro DNA, saremmo in grado di liberare la razza umana e il pianeta dai conflitti e dalla discordia.

Sfruttando le enormi risorse umane inutilizzate, creeremmo un team internazionale di specialisti ed esperti: il Team Tikkun Olam, il cui obiettivo primario è quello di riparare e migliorare il mondo. La religione continuerebbe a concentrarsi sulle funzioni e sui rituali tradizionali quali preghiera, etica, moralità, valori della famiglia, carità ecc., mentre gli scienziati concentrerebbero i loro sforzi ed energie sulla ricerca, che continuerebbe a produrre scoperte per la salute, per il benessere e per una maggiore conoscenza dell'universo.

A quale migliore conclusione possiamo giungere se non affermare che se prese separatamente, la religione e la scienza sono state inficiate dalle loro differenze, mentre se prese in armonia offrono il motore per mandare avanti rapidamente l'evoluzione come non mai. Non è un'esagerazione dire che l'uomo e la donna, presi singolarmente, non possono sfruttare appieno le loro capacità naturali, ma insieme costituiscono la formula per garantire l'infinita continuità dell'umanità.

Dio continua ad evolvere. E così noi. Ma se ci aspettiamo che Dio continui ad evolvere a nostro vantaggio, è nostro obbligo accoppiare i Suoi sforzi con i nostri. Illuminati da Tikkun Olam e supportati dal Team Tikkun Olam, andremmo avanti come mai prima d'ora.

CAPITOLO 25

La Bibbia e l'omosessualità

Nel corso degli ultimi 3.000 anni è stato dato per scontato che la Bibbia condanna il comportamento omosessuale. A causa di questa percezione diffusa, soprattutto i membri religiosi della comunità gay si sono ritrovati costretti ad avere conflitti rispetto alla propria identità di genere.

In realtà questa credenza non è altro che un mito. Analizziamo i fatti:

1) la Bibbia non proibisce il lesbismo. Il massimo che fa la Bibbia in fatto di attività sessuale è proibire alla donna di avere rapporti sessuali durante il ciclo mestruale, in quanto è considerata impura. (Levitico 18:19) Un'altra restrizione è:

> Non t'accoppierai con alcuna bestia per contaminarti con essa; e la donna non si prostituirà ad una bestia: è una mostruosità. (Levitico 18:23)

2) Di contro, la Bibbia vieta il rapporto sessuale tra due uomini:

> Non avrai con maschio relazioni come si hanno con donna: è abominio. (Levitico 18:22)

Tuttavia, come vedremo, questa norma non è priva di ambiguità.

3) Il Talmud proibisce di "versare lo sperma invano", in quanto la Bibbia comanda "crescete e moltiplicatevi". Questo proclama riguarda tutti gli uomini, ma non è una legge biblica, come lo è quella che riguarda il sesso anale, che prevede la pena di morte. Inoltre, sempre secondo il Talmud, se lo sperma contenuto in un preservativo viene congelato e conservato per essere utilizzato in un secondo momento a fini procreativi, non si commette peccato.

Per comprendere questo principio, analizziamo il rapporto tra Re Davide e il figlio di Re Saul, Gionata. Quando Gionata muore in battaglia, Re Davide compone un canto per piangere la sua scomparsa. Un verso recita così:

> Io sono in angoscia per te, fratello mio Gionata; tu mi eri molto caro, il tuo amore per me era meraviglioso più dell'amore delle donne. (Samuele 1:26)

Questo canto rivela che Re Davide e Gionata avevano una relazione d'amore, che il re considera più profonda e più soddisfacente di qualsiasi altra relazione avuta con una donna. La Bibbia esprime enorme rispetto per Re Davide, che è anche uno dei suoi personaggi più amati, e non critica mai la sua relazione intima con un altro uomo. Come può la Bibbia legittimare questa relazione nonostante quanto esposto nel Levitico 18:22?

Approfondiamo la cosa. Nella Genesi 24:1-4 è scritto:

> Abramo era ormai vecchio, avanti negli anni, e il Signore lo aveva benedetto in ogni cosa. Abramo disse al suo servo, il più anziano della casa: "Metti la mano sotto la mia coscia. Giura per il Signore che non prenderai per mio figlio una moglie tra le figlie dei Cananei, in mezzo ai quali abito, ma che andrai al mio paese, nella mia patria, a scegliere una moglie per mio figlio Isacco".

In questo passo, Abramo chiede al servo di fare un giuramento sacro facendogli inserire la mano sotto la sua coscia fino a toccargli il pene e i testicoli. Perché? Secondo il Talmud, il pene è considerato un organo sacro e tenendolo in mano mentre si fa un giuramento, viene riaffermato il patto tra Dio e Israele, che è suggellato dalla circoncisione di ogni uomo e neonato di sesso maschile. Paradossalmente, la forma contemporanea di questo tipo di giuramento è quello che viene fatto ponendo la mano sulla Sacra Bibbia.

Dal momento che la società moderna considera provocanti gli organi sessuali, questi devono essere opportunamente nascosti alla vista e non vanno toccati. Non era però così in epoca biblica, quando erano tenuti in grande considerazione in quanto fonte di diffusione del genere umano e ritenuti sacri. "Crescete e moltiplicatevi", recita il Vecchio Testamento.

Diamo ora uno sguardo a un'altra storia. Quando Dio decise di distruggere Sodoma e Gomorra, Egli inviò due angeli a salvare la vita di Lot, portandolo via da Sodoma. Nella Genesi 19:1 è scritto:

> Non si erano ancora coricati, quand'ecco gli uomini della città, cioè gli abitanti di Sòdoma, si affollarono intorno alla casa, giovani e vecchi, tutto il popolo al completo. Chiamarono Lot e gli dissero: "Dove sono quegli uomini che sono entrati da te questa notte? Falli uscire da noi, perché possiamo abusarne!"

Gli uomini di Sodoma erano violenti e tentarono di stuprare gli angeli, che si presentarono come normali esseri umani. Il termine "sodomia" è stato coniato in seguito a questo episodio di sesso anale tra due uomini, riportato nel Vecchio Testamento. Possiamo pertanto dedurre che Dio era talmente contrario a questa pratica che come castigo decise di distruggere entrambe le città di Sodoma e Gomorra. Perché tanta veemenza nei confronti di questo atto sessuale? Perché, come già detto, il pene è un organo sacro e non può essere contaminato in questo modo.

Da questi esempi possiamo solo dedurre che la Bibbia non è contraria ai rapporti omosessuali tra uomini. Così come alle donne non viene limitata la scelta di un partner sessuale, lo stesso vale per gli uomini—ma con una sola e tassativa eccezione: il sesso anale. Il motivo ormai è chiaro: il pene è sacro. Quindi qual è la soluzione?

Il preservativo, nelle sue diverse varianti, è utilizzato da secoli sia per evitare gravidanze indesiderate sia come protezione da malattie a trasmissione sessuale. Diversi ordini religiosi si oppongono al suo uso, sostenendo che impedisce la procreazione, ma lo stesso ragionamento non è applicabile ai rapporti omosessuali, nei quali la gravidanza non è mai in discussione. Di contro, "il preservativo kosher (o 'gay')", protegge il sacro organo dal contatto con fluidi del canale anale e quindi da qualsiasi altra malattia con la quale potrebbe altrimenti entrare in contatto. Pertanto il pene rimane puro e lo sperma non viene "versato invano". In sostanza, il preservativo (o condom, profilattico, ecc.) è un po' come una "manna scesa dal cielo" per la comunità gay, dove gli uomini possono usarlo liberamente senza timore di violare il codice etico della loro fede religiosa. A prescindere da come la si pensi, il preservativo è un'arma vincente per i gay, pertanto può essere tranquillamente considerato una benedizione.

Immagino che molti lettori potrebbero sentirsi a disagio con la mia soluzione al problema del sesso anale all'interno della comunità omosessuale, ma d'altro canto è difficile non essere d'accordo all'uso regolare del preservativo come metodo di protezione da malattie a trasmissione sessuale.

Come ho già detto ampiamente nei paragrafi precedenti, Dio ha dei limiti nella Sua capacità di creare un mondo perfetto, e nell'Esodo 3:14 addirittura ammette la Sua imperfezione. La prova è che sulla terra che Dio ha creato spesso Egli stesso impone disastri "naturali" come terremoti, tsunami, inondazioni, tornado e siccità. Ogni anno calamità così disastrose inevitabilmente uccidono, mutilano o rendono nomadi migliaia di persone in tutto il mondo. Inoltre, nella Sua immagine Dio ha creato la razza umana imperfetta, quindi incline a comportamenti negativi come l'odio, l'invidia e l'avidità—che inevitabilmente sono fonte di caos, genocidi e guerre.

Lo stesso concetto è valido per il 3,5% (dati Gallup del 2013) della popolazione USA che si identifica come gay, lesbica o bisessuale. Ecco un altro esempio di imperfezione all'interno di un sistema creato da Dio, il cui obiettivo principale, come siamo stati indotti a credere, è la procreazione della specie. Malgrado l'omosessualità non soddisfi questo requisito, la razza umana ha comunque continuato a crescere, addirittura è aumentata in modo esponenziale. Considerando anche il fatto che ormai l'omosessualità è una condizione ben consolidata all'interno dei nostri parametri comunemente accettabili, possiamo solo accoglierla al meglio, perché la situazione non cambierà. La mia idea illustra come riuscirci.

Tempo fa, con un rapporto 5 a 4, la Corte Suprema degli Stati Uniti ha dichiarato incostituzionale una legge del 1996 che impediva alle coppie dello stesso sesso di avere accesso ai benefit federali. Esprimendosi su un caso simile in California, hanno aperto la porta al riconoscimento del matrimonio tra persone dello stesso sesso in quello Stato, nonostante la contestatissima Proposition 8, che è stata abrogata in seguito a un referendum statale. La sentenza non prevede un mandato a livello nazionale per la questione, ma se la nuova sentenza dovesse essere riconosciuta valida nello Stato della California, il numero di Stati che riconoscono il matrimonio gay salirebbe a tredici e il numero aumenterebbe in tempi brevi. Questo cambio di rotta verso l'accettazione di ciò che per molti è ancora considerata un'aberrazione o uno "stile di vita alternativo", porterà via via al riconoscimento legittimo di tutti i diritti, privilegi e tutele previste.

La razza umana continua a evolversi nel XXI secolo e prende sempre più consapevolezza che l'omosessualità è semplicemente una delle infinità di varianti che caratterizzano la nostra imperfetta razza umana.

In fondo le coppie gay e lesbiche non sono per nulla diverse da chiunque sogni e desideri amare e mettere su famiglia. Nel matrimonio non cercano null'altro che parità a norma di legge, cosa ben diversa rispetto ai severi canoni della Sacra Bibbia così come sono stati dettati nell'Età del Bronzo. Con questo non voglio dire che la loro battaglia per la parità sia già stata vinta, ma semplicemente che la società è sempre più consapevole e illuminata, di conseguenza il concetto di "normalità" si espande di pari passo.

Le dottrine religiose, che da secoli sono alla base del pensiero, non vanno rifiutate esattamente quanto possono beneficiare nell'essere aggiornate. La Legge Orale ebraica accoglie il pensiero evoluzionista. L'intrattabile Bibbia purtroppo no.

CAPITOLO 26

Difesa a oltranza

Il verdetto di assoluzione emesso dal giudice nel controverso processo di un vigilante volontario delle ronde di quartiere in Florida, che ha sparato a morte un diciassettenne afro-americano in seguito a una lite, ha scatenato enorme clamore, soprattutto per motivi razziali. Anche se è stato ripetutamente detto che nessuna delle prove desse adito al pregiudizio razziale, i media e un gran numero di noti attivisti si sono immediatamente schierati su quel fronte. Nel giro di poco tempo hanno richiesto un'indagine federale e l'abrogazione della legge *Stand Your Ground* in Florida, cosa che il governatore Rick Scott si è rifiutato di fare. Lo stesso è stato richiesto a tutti gli Stati con simili leggi relative alla legittima difesa, che sostanzialmente sanzionano l'uso di armi come strumento di difesa personale.

Oltre ad accusare l'imputato George Zimmerman di pregiudizi razziali nei confronti del disarmato Trayvon Martin, le dita sono state puntate contro i soliti nemici politici. In cima alla lista la National Rifle Association, per la sua posizione a sostegno del diritto di detenzione di armi. Queste leggi hanno ovviamente guadagnato maggiore popolarità dopo l'11 settembre. Tuttavia non sono estranee al Secondo Emendamento della Costituzione degli Stati Uniti, che si basa, in parte, sulla cosiddetta "Dottrina del Castello" prevista dalla legge inglese.

Del resto il mondo civilizzato non ha forse sempre considerato l'autodifesa o "la difesa a oltranza" come diritto naturale? Fermo restando la sua entrata in vigore nel diritto inglese del XVII secolo e in quello americano nel XVIII, la Bibbia ha preso una netta posizione 3.000 anni prima. Tutte queste prassi sono un elemento fondamentale della morale della civiltà occidentale.

Secondo l'Esodo 22:2:

> Se il ladro, colto nell'atto di fare uno scasso, è percosso e muore, non v'è delitto d'omicidio.

Questa posizione è rafforzata da una frase della Torah, citata molto spesso dai rabbini:

> Se qualcuno sta venendo ad ucciderti, alzati e uccidilo per primo.

Esistono numerose versioni di questa affermazione in tutto il tessuto della legge ebraica, ma variano a seconda dell'interpretazione e delle circostanze. In sostanza, tutte approvano il diritto di difendere la propria vita e la propria casa contro un malintenzionato, piuttosto che essere costretti a tirarsi indietro.

Nel 2009, il rabbino Yirmiyahu Ullman (www.rabbiullman.com) si è espresso in merito al problema dell'autodifesa contro il terrorismo. Ha dichiarato che sebbene gli ebrei preferiscano la pace alla guerra, la Torah insegna la necessità di combattere per vincere. Come esempio ha offerto diversi testi religiosi, tra cui uno in cui viene sanzionata l'azione preventiva. Nel Sinedrio 72a, il Talmud cita una variazione del sopraccitato passaggio dell'Esodo:

> Se qualcuno sta venendo ad ucciderti, sollevati e uccidilo per primo.

Affermando questo principio, lo Shulchan Aruch (Choshen Mishpat 125:1) dice:

> Se una persona crede che qualcuno voglia ucciderla, gli è consentito difendersi togliendo la vita a chi lo perseguita.

Nell'Esodo 14:13-14, Mosè dice al popolo in fuga dal Faraone:

> Non temete, state fermi, e mirate la liberazione che l'ETERNO compirà oggi per voi; poiché gli Egiziani che avete veduti quest'oggi, non li vedrete mai più in perpetuo. L'ETERNO combatterà per voi, e voi ve ne starete quieti.

Nel Libro di Efesini 6:13, il Nuovo Testamento rafforza questa affermazione come segue:

> Perciò, prendete la completa armatura di Dio, affinché possiate resistere nel giorno malvagio, e dopo aver compiuto tutto il dover vostro, restare in piè.

Negare di proposito a un innocente il diritto alla vita è legittimamente punibile secondo la legge, ma negare a qualcuno il diritto di difendersi da chi potrebbe fargli del male non ha alcun supporto razionale agli occhi dell'uomo o di Dio.

Evolvendo nell'universo di pari passo con Dio, è necessario far evolvere i nostri codici di comportamento. L'istinto di sopravvivenza è stato in gran parte responsabile della capacità dell'uomo di adattarsi al suo ambiente negli ultimi due milioni e mezzo di anni. Nel corso del tempo non sono sopravvissuti solo i più forti di noi, ma anche quelli con un forte rispetto per la vita e la dignità umana. L'infinita lotta per la sopravvivenza, supportata da una serie di leggi e dall'etica, è sempre stato l'ordine naturale delle cose e, in sostanza, è ciò che distingue l'uomo civile dai suoi barbari antenati.

CAPITOLO 27

Il Talmud nel mondo

Fino alla metà del XX secolo, la Corea del Sud, piccola nazione devastata dalla guerra, è stata governata da una serie di regimi militari e autoritari. Nei decenni successivi, è stato avviato un processo che l'ha trasformata in modello globale di democrazia e sviluppo economico in stile occidentale. Secondo la Banca Mondiale, il PIL della Corea del Sud è passato rapidamente dai 155 dollari del 1960 (alla pari con l'Afghanistan) agli attuali $ 22.464, superando i laboriosissimi vicini cinesi. Nel 2013 il popolo ha eletto il primo presidente donna, Park Geun-Hye.

Secondo BBC News, la nuova generazione di lavoratori sudcoreani è in possesso di più titoli universitari (97%) rispetto a qualsiasi altro paese sviluppato del mondo.

Non c'è pertanto dubbio che le basi per lo straordinario successo di questo paese e per le sue eccellenze accademiche siano in gran parte dovute al suo eccezionale sistema educativo, che lo colloca al livello più alto della classifica nel mondo industriale—ben oltre gli Stati Uniti, che sono precipitati al 17° posto. I governi della Corea del Sud (al 1° posto) e della Finlandia (al 2°) concordano non solo sull'importanza dell'istruzione formale per garantire il futuro economico, ma anche sul suo "scopo morale"—il che può essere il motivo principale per cui questo moderno paese asiatico, all'avanguardia in fatto di progresso tecnologico, sia riuscito a trovare un improbabile ma adeguato sistema di supporto nei testi antichi di una cultura tanto diversa.

Il Talmud sta diffondendo la sua saggezza ancestrale in tutto il mondo. La sua prima tappa in Corea del Sud ha già prodotto risultati talmente stupefacenti tra i giovani, che quando il resto del mondo coglierà le sue capacità di influenzare, informare e ispirare, sicuramente altri paesi seguiranno il suo esempio. Con una copia del Talmud in ogni casa (spesso accanto a una copia del *Diario di Anna Frank*), il Talmud è considerato una lettura fondamentale in Corea del Sud, che conta 45 milioni di abitanti—prevalentemente buddisti e cristiani—quindi molto di più dei cittadini ebraici che vivono nello Stato di Israele. Anche negli Stati Uniti la percentuale di ebrei che conosce il Talmud è relativamente ridotta, fatta eccezione per i membri della comunità ortodossa. La maggior parte degli ebrei moderni si fa quindi scappare uno dei migliori e più duraturi fondamenti educativi mai formulati, che spesso è facilmente reperibile tra gli scaffali di casa.

Realizzata come guida perenne per la Bibbia Ebraica, la Torah Orale è stata originariamente adattata in forma scritta per spiegare come applicare e osservare le leggi precedentemente scritte.

Il Talmud è composto da sei ordini suddivisi in sessantatre trattati, per un totale di 525 capitoli che trattano argomenti come: norme agricole e leggi su cibo e benedizioni; rituali per le festività; problemi nei rapporti tra uomini e donne, come matrimonio, divorzio, ecc.; legge civile e penale; leggi del tempio; purezza e impurità spirituale; questioni di etica. Ciò che rende il Talmud valido nel corso dei secoli è il fatto che è stato concepito per essere aggiornato periodicamente di pari passo alle variazioni e alle circostanze sociali. In sostanza, si potrebbe affermare che il Talmud è un perfetto esempio di evoluzione. Un articolo comparso online nell'aprile 2013 e pubblicato dalla *Jewish Press* a firma di Aryeh Savir per l'agenzia di stampa Tazpit, tratta della visita del vicepresidente sudcoreano della Samsung, Charlie Park, presso un centro studi del Talmud (Yeshivah) a Shalavim, in Israele. Seguito dalle telecamere, Park ha incontrato i responsabili del programma allo scopo di documentare lo studio del Talmud da parte di un gruppo di studenti religiosi israeliani. Poiché la versione del Talmud, tradotta in "Luce della Conoscenza", è uno strumento obbligatorio nel curriculum scolastico in Corea del Sud, l'intenzione di Park era esplorare i modi in cui è insegnato in Israele dai discendenti ebrei dei suoi autori originali.

L'ambasciatore sudcoreano in Israele, Ma Young Sam, ha commentato: "Siamo stati attirati dai notevoli risultati accademici degli ebrei, che hanno un'alta percentuale di premi Nobel in tutti i campi: letteratura, scienza ed economia".

L'équipe coreana sperava di scoprire con le telecamere perché gli ebrei sono in grado di raggiungere tali vette di successo e perché sono così intelligenti. Al momento di tirare le somme, giunsero alla conclusione che uno dei loro più grandi segreti è lo studio del Talmud, perché affina il pensiero critico e le capacità di ragionamento. Pertanto sono stati motivati a incoraggiare i propri figli a studiare il testo affinché diventassero cervelloni. Seguendo la tradizione ebraica, i genitori sudcoreani lo studiano con i loro figli, che sono entusiasti del Talmud. Oltre all'istruzione, l'ambasciatore Ma Young Sam ha detto che il suo popolo è anche molto colpito da quanto ha imparato sui valori della famiglia ebraica, che coincidono moltissimo con i loro, infatti i principi del Talmud rafforzano la tradizione, da loro tanto amata.

Secondo il rabbino Marvin Tokayer, che ha vissuto e lavorato in Corea del Sud, il Talmud promuove anche l'analisi di materie complesse che, secondo lui, in passato mancava nell'istruzione sudcoreana. Secondo il rabbino, gli studenti sudcoreani sono ottimi ascoltatori, ma non sono abituati a fare domande, quindi auspica l'adozione del metodo di apprendimento cooperativo del Talmud nel sistema scolastico sudcoreano, che prevede che gli studenti studino insieme, leggano insieme e creino gruppi di accese discussioni. Alla fine, secondo il rabbino, la giovane forza lavoro del paese sarà in grado di sviluppare tecnologie sempre nuove e migliori, rafforzando ulteriormente la propria economia, ma al tempo stesso conservando il rispetto per le antiche tradizioni.

Quindi quali sono le prospettive per il Talmud mentre andiamo sempre più verso l'era digitale del futuro? E come continuerà a diffondere il messaggio positivo di etica, morale e pensiero investigativo e deduttivo? Quale gruppo di persone o quale paese sarà il prossimo ad applicare l'enorme potenza della sua antica saggezza? Basta googlare la parola chiave "Talmud" e in una frazione di secondo ci ritroveremo davanti circa 2.490.000 link sull'argomento. Ormai il Talmud, con il suo enorme deposito di saggezza, è a disposizione di tutti e dovunque, basta avere un computer o uno smartphone.

Le informazioni sull'argomento sono facilmente reperibili sotto forma di blog, forum e siti religiosi come www.chabad.org, che offrono formazione online, database, libri da acquistare e persino siti antagonisti, interamente dedicati a sminuire il contenuto e i principi del Talmud. Sul sito www.sacred-texts.com/jud/tal-mud.htm è possibile scaricare la traduzione completa in inglese del Talmud. Inoltre su www.christianbook.com è disponibile la traduzione in inglese in ventidue volumi, con tanto di commenti. E l'elenco non si esaurisce qui.

Il 17 novembre 2013, nell'arco di ventiquattro ore, si è svolta su internet la quarta conferenza globale annuale degli insegnamenti ebraici, con musica e performance di artisti. La Giornata Mondiale degli Studi Ebraici, ha visto protagonisti ventiquattro relatori e ventiquattro classi in tutto il mondo. Secondo l'articolo pubblicato il 10 novembre 2013 nel *Jewish Journal* da Salvador Litvak, dal titolo "Il Talmud in azione: un centro studi virtuale per abbracciare il mondo", la Giornata Mondiale, sponsorizzata dall'Aleph Society, ha riunito quattrocento comunità di quaranta paesi del mondo concentrate sullo studio di testi ebraici. Il tema dell'evento era "Creare insieme: approcci ebraici alla creatività e alla collaborazione", ed è stato realizzato come risorsa gratuita, disponibile in formato video all'indirizzo www.theglobalday.com. Da ogni angolo del mondo i partecipanti hanno potuto porre domande in diretta su Twitter, Facebook e Google+. I video sono stati resi disponibili anche su YouTube.

Viste le forti prove sui vantaggi dello studio del Talmud, non è giunto il momento che la fede cristiana prenda in considerazione l'ipotesi di incorporare i suoi principi nello studio della Bibbia?

Concludo dicendo che sembra proprio che Dio sia vivo, navighi su internet e faccia proseliti sui social media.

CAPITOLO 28

Un raggio di luce in un mondo buio

Il mondo è buio.

Secoli di progressi nella civiltà hanno creato una società imponente e illuminata. Siamo sempre più istruiti e viviamo più a lungo, siamo più sani, felici e produttivi. Tuttavia, nonostante i progressi e l'innovazione senza precedenti, in molti angoli del pianeta il mondo è ancora immerso nell'oscurità e nei confini ristretti di migliaia di anni fa. Perché? In gran parte questo paradosso può essere attribuito al segmento religioso della popolazione che continua a credere e vivere secondo i dettami della verità assoluta della Bibbia. Ignorando le crescenti prove contrarie, i fedeli continuano ad affermare che la terra non ha più di 6.000 anni e che la Bibbia è la somma fonte di ogni sapienza. Il motivo per il quale questo tipo di mentalità influisce sugli altri è che il processo mentale limitato di una porzione tanto grande della società impedisce la crescita e lo sviluppo naturali di tutti gli esseri umani sul pianeta.

La religione, anche in una forma elementare, probabilmente è esistita fin dagli inizi dell'umanità, quando era consuetudine assegnare una divinità a ogni aspetto della nostra vita per ricevere supporto, protezione e serenità. Con la nascita del monoteismo, abbiamo spostato la nostra fede su un Dio supremo e onnisciente, che non solo guida la nostra vita sulla Terra ma, se ci comportiamo bene, ci garantisce anche un posto nell'aldilà. La sicurezza dell'aldilà che ci offre la religione è spesso l'elemento più confortante della nostra vita, soprattutto durante i difficili periodi di dubbio e delusione. Eppure i passi avanti che la nostra civiltà sta facendo nei campi della scienza e della tecnologia non possono né devono essere ignorati, visto che ci offrono i costanti perfezionamenti in fatto di salute, istruzione, lavoro e comodità di cui non possiamo fare a meno. Purtroppo, per la maggior parte dei credenti la questione sembra essere la scelta di una fede rispetto a un'altra, cosa non necessaria visto che ognuna è solo un complemento dell'altra e può facilmente coesistere a mutuo vantaggio.

Il 4 febbraio 2014 a Petersburg, Kentucky, il conduttore di una trasmissione televisiva a carattere scientifico, Bill Nye, ha tenuto l'acceso dibattito "Creazionismo vs. Scienza" con Ken Ham, capo del Museo della Creazione. Novecento persone hanno pagato per assistere a questo evento dal vivo presso la Legacy Hall del museo. Centinaia di migliaia di persone hanno seguito e/o ascoltato il duello, durato 150 minuti, su internet, in TV o alla radio. La tesi di Nye a favore dell'evoluzione si basava in gran parte su un notevole numero di prove fossili. Sul fronte nettamente opposto, la teoria del creazionismo di Ham era sostenuta quasi esclusivamente dalla verità "assoluta" della Bibbia e della Parola di Dio, che gli ha fornito una spiegazione unica per quasi tutti i temi affrontati: la coscienza, la materia, il Big Bang all'origine di tutto e il Diluvio universale. Secondo la fede cristiana, 4.000 anni fa Dio ordinò a Noè di costruire un'arca su cui raccogliere tutte le specie animali della Terra, un maschio e una femmina di ogni genere.

Secondo Nye, un tale assembramento ammonterebbe a 7.000 specie e né Noè né nessun altro essere umano di quell'epoca avrebbe potuto costruire un'arca sufficientemente grande da ospitare 14.000 animali, rimanere in piedi e sopravvivere a un diluvio di proporzioni epiche. Un'altra questione riguarda il canguro, specie indigena del continente australiano. Quest'animale non sarebbe potuto essere tra quelli saliti sull'arca per poi riapparire molto più tardi dall'altra parte del pianeta, senza alcuna prova della sua esistenza per migliaia di chilometri né la minima traccia della sua presenza in Medio Oriente.

Quale dei due partecipanti sia risultato vincitore dipende perlopiù dal proprio punto di vista. Poiché la risposta di Ham a ogni minima domanda è rimasta inflessibilmente radicata nella sua visione creazionista, Nye ha avuto la meglio. Tuttavia, mentre questa piccola battaglia può essere stata vinta per la scienza, la perenne guerra mondiale tra i suoi leader e quelli del fondamentalismo cristiano continua a infuriare, e non si vede alcun trattato di pace all'orizzonte.

Credere al creazionismo ostacola il progresso scientifico e altrettanto vale per il "cugino", il progetto intelligente. Le due teorie sono bloccate irrimediabilmente dalla verità assoluta della Bibbia. Secondo Wikipedia, il progetto intelligente è una teoria pseudo-scientifica secondo la quale "*alcune caratteristiche dell'universo e delle cose viventi sono spiegabili meglio attraverso una causa intelligente, [che] non attraverso un processo non pilotato come la selezione naturale*". In altre parole, i teorici del progetto intelligente non sostengono la tesi di un Dio personale, come i creazionisti, e respingono il concetto che l'universo sia nato casualmente da un Big Bang o da un evento simile. Lo considerano piuttosto un atto

intenzionale di un potere intelligente, un Creatore, che ha concepito la Terra e tutti i suoi abitanti, ma che in seguito lo ha abbandonato alla sua sorte.

L'evoluzione di Dio è stato pubblicato come un raggio di
luce—cioè come prova che la Bibbia è stata scritta per la generazione della sua epoca e che non doveva essere presa alla lettera
dalle generazioni più illuminate che sono venute dopo. Suppo-
niamo che fin dall'inizio Dio conoscesse ogni minimo dato scientifico sull'origine dell'uomo e che ha usato la Bibbia come mezzo
per divulgare la notizia che l'universo aveva quasi 13,8 miliardi
di anni e la Terra 4,54 miliardi di anni. Considerando le limitate conoscenze dell'uomo ai tempi della scrittura della Bibbia, il
popolo non avrebbe avuto alcun metro di riferimento per comprendere una tale rivelazione e avrebbe pertanto congedato la
Bibbia come un debole testo di fantascienza. Affermare questo
equivale a un uomo del ventunesimo secolo che scrive un libro
profetico, nel quale descrive ciò che potrebbe essere considerato
comune nel cinquantatreesimo secolo e che i nostri cervelli contemporanei, sviluppati come sono, troverebbero troppo esoterico.
Quindi, la Bibbia è stata scritta in quel modo per un solo scopo:
convincere i popoli primitivi dell'Età del Bronzo a credere alla
Parola di Dio come è scritta nei suoi capitoli e versi e, soprattutto,
vivere secondo i suoi principi etici. Proprio perché è stata scritta
in quel modo, è rimasta l'eterna fonte di ispirazione per i miliardi
di persone che vivono la loro vita secondo i suoi principi. A prescindere dalla fonte della sua scrittura, la Bibbia rappresenta un
ottimo lavoro, visto che ad oggi sono state pubblicate almeno 2,5
miliardi di copie (alcuni indicano addirittura 6,5 miliardi), senza
mostrare segni di calo nelle vendite. Inoltre, con il cristianesimo

che sta penetrando nella cultura della Cina comunista, nei decenni a venire può riuscire a reclutare circa 250 milioni di nuovi seguaci. Quindi ci saranno altrettante vendite della Bibbia...

Sfortunatamente per il mondo civilizzato, dato che il Talmud non era ancora stato pubblicato nel momento in cui il cristianesimo adottò la Bibbia, non è stato possibile beneficiare dei suoi aggiornamenti e progressi. Al contrario, le idee sono divenute fisse come le parole contenute nelle pagine di un testo antico, che vietano di alterare leggi chiaramente non al passo della società contemporanea. Un esempio di legge biblica obsoleta, che è stata in seguito rivisitata dal Talmud, riguarda gli interessi pagati su un prestito e che accoglie la capacità di un individuo di guadagnarsi da vivere. La legge originale, che proibiva gli interessi, è stata alla fine riconosciuta come pratica insostenibile nella conduzione di attività a scopo di profitto. Solo secoli dopo è stata corretta la norma ormai superata. È stato il leggendario rabbino Hillel a consentire il pagamento degli interessi, purché il prestito fosse legato agli affari e non al guadagno personale.

Ma anche la Legge Orale ha i suoi limiti nella cultura odierna. Già intorno all'anno 500 aveva iniziato a inaridirsi. Non prima della metà del XVI secolo il Shulchan Aruch fu pubblicato come compilazione più completa delle leggi ebraiche fino a quel periodo, e continuò ad essere aggiornato con importanti commenti, aggiunti fino a un secolo fa. Ora è giunto il momento per un altro aggiornamento. Quello che è stato considerato legittimo e razionale, anche solo pochi decenni fa, ora può sembrare piuttosto antiquato. Una volta che una religione ha stabilito la saggia tradizione di aggiornare la Bibbia su base costante, il processo può continuare all'infinito. Come esseri umani facciamo di tutto per evolverci, quindi perché non consentire lo stesso alla nostra amata Bibbia? Dal momento che l'ebraismo lo ha fatto ripetutamente nel corso dei secoli senza intaccare minimamente la sua credibilità, il cristianesimo potrebbe prevedere il medesimo risultato. Aggiornamenti e commenti, anche dibattiti animati, hanno dimostrato di non sminuire la fede religiosa, ma anzi di renderla vivace. Offrire maggiore speranza e comprensione attraverso la ragione e la logica possono rendere la religione più interessante agli occhi delle generazioni a venire.

Recentemente, un gruppo di israeliani che si considerano anti-teisti ha cercato consiglio da un rabbino locale a Ramat Gan, nei pressi di Tel Aviv. Una coppia lesbica era alla ricerca di un appartamento e la domanda per il rabbino era se la cosa rientrasse o meno nei parametri della legge ebraica, per poter dare un "silenzio assenso" a ciò che l'ortodossia avrebbe potuto considerare uno stile di vita aberrante. La conclusione del rabbino fu che, mentre era ammissibile affittare a una sola delle due donne— dato che non è corretto far domande sull'identità di genere di un individuo—sarebbe stato sbagliato affittare l'appartamento come coppia, in quanto in questo modo si sarebbe ammesso il loro rapporto. Questa decisione creò un mare di controversie, in quanto il pensiero del rabbino venne considerato rigido e intollerante. Ho dato il mio contributo alla discussione indicando ad ambo le parti che in nessun capitolo della Bibbia compare una legge che vieta le relazioni lesbiche. Tutte le leggi della Bibbia relative al sesso sono raggruppate in un capitolo e in effetti sono menzionate alcune leggi relative alle donne, tra cui la pratica della bestialità, ma non esiste alcun riferimento al lesbismo. Il gruppo anti-teista ha risposto semplicemente che la Bibbia è barbarica e il suo contenuto è ripugnante. A difesa della Bibbia, ho ricordato loro l'epoca in cui è stata scritta e il suo scopo: portare Dio ai popoli di quell'epoca. Questo caso è un ottimo esempio di ciò che accade quando la Bibbia non viene aggiornata per affrontare questioni attuali. Oggi sappiamo che l'identità di genere non è una scelta personale. Dio crea uomini e donne singolarmente e dona a ciascuno preferenze sessuali. Perché qualcuno che segue un cammino alternativo è automaticamente stigmatizzato per ciò che è fondamentalmente radicato nel lavoro di Dio?

Nel corso di una conferenza TED su YouTube.com, il fotografo iO Tillett Wright ha illustrato in modo brillante che, secondo uno studio recente, la maggior parte delle persone non è né eterosessuale al 100% né omosessuale al 100%. Mentre c'è chi appartiene ad un estremo, per la maggior parte si tratta di "cinquanta sfumature di gay". Anche in questo caso abbiamo la prova che o Dio non è perfetto oppure che l'identità di genere è una cosa relativa e, in quanto tale, non deve essere considerata anormale. Ho rassicurato gli anti-teisti israeliani che il lesbismo non è condannato nella Bibbia, ma l'omosessualità tra gli uomini lo è, ma solo nel caso del sesso anale. Per capire il perché di questa distinzione, ho consigliato loro di leggere questo libro, disponibile su Amazon e Barnes & Noble, e di prestare particolare attenzione al capitolo relativo all'omosessualità. Non li ho mai più risentiti.

Che Dio non sia perfetto è espresso in modo chiaro nel capitolo del Diluvio universale, in cui Egli esprime il suo sommo sconforto nei confronti delle Sue creature e, anziché dar loro una lezione concedendogli una seconda opportunità, decide di eliminare l'intera razza umana e di ricominciare daccapo. Non importa se i buoni e i giusti sono accomunati ai cattivi, per non parlare di tutti quegli animali innocenti. Ovviamente la popolazione dopo il Diluvio, la nuova e magari migliorata specie, si è bevuta questa storia non solo perché primitiva, ma anche perché cadeva a pennello con la sua mentalità ristretta.

Un altro episodio della Bibbia che, se fosse scritto oggi, non troverebbe mai appiglio sulla società contemporanea, lo troviamo nel Libro di Giobbe. È qui che Dio dice a Satana che Giobbe è l'uomo più onesto del mondo—giusto, sincero e soprattutto devoto a Lui. Satana concorda: Giobbe è un bravo ragazzo, sì, ma solo perché ha tutto ciò che vuole—moglie, figli, ricchezza, ecc. "Prendi tutto ciò che ha", dice a Dio, "e vedrai quanto è veramente giusto Giobbe". Per metterlo alla prova, Dio concede a Satana di sottrarre a Giobbe qualsiasi cosa, compresi i figli, i servi e il bestiame. Quando la fede di Giobbe in Dio si conferma ben salda, a prescindere dai sacrifici, Dio gli restituisce il doppio di tutto ciò che ha perso, compreso un gruppo di nuovi figli. E quelli precedenti? Non erano importanti? La loro vita non aveva valore? Nessuno ha mai criticato il giudizio di Dio nel prendere questa decisione. A quei tempi solo gli adulti godevano di prestigio, in particolare gli adulti maschi. Ribadiamo che la storia è stata scritta per i popoli di quel tempo. Leggendola oggi per la prima volta, la decisione di Dio sembra barbara e spietata. Se però aggiungiamo un piccolo pezzo per aggiornare questa storia, verrebbe considerata nient'altro che una lezione morale: per l'uomo la fede in Dio è molto più importante di tutti i suoi possedimenti terreni.

Nel corso dei secoli l'umanità è diventata più saggia e, di conseguenza, più umana.

Senza aggiornare la Bibbia includendo i cambiamenti dell'esperienza umana, la religione corre il rischio di perdere un bel po' di credibilità—in particolare tra le persone più istruite. La mentalità socialista in Europa tende verso l'agnosticismo, se non l'ateismo più estremo. Mentre gli Stati Uniti sono ancora molto indietro rispetto all'Europa, le scuole e le università statunitensi sono per la maggior parte gestite da élite accademiche con filosofie analoghe ai nostri alleati europei, che fanno di tutto per screditare la Bibbia tra i loro studenti. La prima cosa da fare per invertire questa tendenza è che le autorità religiose discutessero e aggiornassero le storie semplicistiche della Bibbia sulla vita su questo pianeta così come sono state predicate ai popoli non istruiti di tre millenni fa. Da allora non abbiamo imparato nulla? Possiamo ritenerci giustificati nella ricerca di prove credibili, anche se in conflitto con i nostri sistemi di fede tradizionali, magari troppo comodi? Per provare la sua tesi, la teologia fondamentalista non ha più bisogno di proporre concetti non plausibili su come il mondo sia stato creato in sette giorni o che Eva sia nata da una costola di Adamo o da centinaia di altre affermazioni della Bibbia che scoraggiano il pensiero indipendente e le nuove scoperte. In ultima analisi, la paura di far luce sulle nuove idee tende solo a portare l'umanità nelle oscurità più profonde del passato.

Come un raggio di luce in questo mondo buio, *L'evoluzione di Dio* mette a fuoco il suo fascio verso l'obiettivo principale del lettore—quello dell'illuminazione e della comprensione. L'elemento primario di questa luce è l'esatta definizione del vero nome di Dio, che Egli diede al mondo sul Monte Sinai. In quel momento straordinario, come ricorderai, Mosè gli chiese come volesse essere chiamato, ed Egli rispose: "Ehyeh Asher Ehyeh". Tradotto in modo corretto, il nome di Dio suggerisce che Egli fosse consapevole di non essere perfetto, e che stesse lavorando per raggiungere la perfezione.

Per rafforzare il significato del Suo nome, Egli ha comandato inoltre di essere ricordato di generazione in generazione. Vale la pena di ripeterlo perché ci ricorda che Dio aveva previsto che un giorno, 3.000 o più anni dopo, un individuo o un gruppo di individui illuminati avrebbe finalmente messo in discussione la definizione comunemente accettata, che implica erroneamente la perfezione e che verrebbe comunicata al mondo moderno di conseguenza. Basata prevalentemente su questo fondamentale errore di traduzione, da oltre venti secoli il cristianesimo sostiene che Dio è onnipotente. Anche se i primi seguaci sapevano che un'aura di onnipotenza era la chiave per l'influenza duratura di una divinità, sapevano anche che Dio affermava di aver creato l'uomo a Sua immagine e somiglianza. Ciò significherebbe, ovviamente, che Egli non intendesse essere considerato perfetto. Nella migliore delle ipotesi, forse siamo tutti impegnati in uno sviluppo costante—migliorando man mano che andiamo avanti. Quanto sarebbe enormemente utile alla sua causa se il cristianesimo fondamentalista smettesse di trascurare questa importantissima distinzione!

Magari arrivasse il giorno in cui le persone intelligenti saranno pronte ad aprire le proprie menti per lasciar entrare nuove conoscenze, il che significherà accettare Dio come un lavoro in corso e la Bibbia come strumento per giovani menti innocenti e inesperte non ancora pronte per livelli di apprendimento più elevati.

Scritta volutamente a un livello da scuola materna, la Bibbia effettivamente fornisce un'ingenua prima lezione sul mondo in cui viviamo—una versione semplificata per bambini su come tutto ha avuto inizio e su come funziona—sia a nostro favore che contro. Al momento della sua scrittura, la popolazione della Terra brancolava nel buio. Aveva una visione ristretta del mondo ed era priva di strumenti per esplorare i suoi misteri.

In realtà, la comprensione dei fatti inizia molto prima di entrare alla scuola materna. Senza avere imparato le basi dell'aritmetica elementare—uno più uno fa due e due più due fa quattro—un bambino in età prescolare non ha le risorse per assorbire le complessità della matematica avanzata—algebra, geometria, trigonometria e calcolo. L'apprendimento efficace richiede un piccolo passo alla volta—uno più complesso di quello precedente—ma più facile di quello che deve seguire. Con questa strategia, Dio ha preparato la verità in bocconi digeribili e li ha serviti affinché il Suo popolo li mandasse giù. Proprio come la vita sulla Terra è iniziata con un singolo organismo cellulare, allo stesso modo, e per necessità, è iniziato il processo di apprendimento. Attraverso la Bibbia, la metaforica scuola materna e le prime lezioni di aritmetica hanno avuto luogo 3.000 anni fa. Ora, nel XXI secolo, stiamo solo iniziando a fare le prime operazioni di calcolo.

Un altro esempio di evoluzione riguarda le nostre modalità di comunicazione. Le forme primitive sono iniziate con pitture rupestri, incisioni su pietra, segnali di fumo e strumenti musicali molto prima di passare alla scrittura cuneiforme, ai geroglifici e via via lentamente verso la stampa e la tecnologia digitale. Per l'uomo delle caverne di decine di migliaia di anni fa, concepire un dispositivo come un lettore elettronico sarebbe stato come se l'uomo moderno potesse prevedere il mondo tra 40.000 anni.

Evoluti come siamo, e religiosi o meno, molti di noi pensano a Dio come se fosse un mago—un essere in grado di schioccare le dita e creare dal nulla un complesso artefatto, anche un nuovo universo o magari un paio. Ma in queste cose non esistono scorciatoie.

Mettiamo il caso che tu sia un genio che ha inventato un prodotto di successo come l'iPad. Sai benissimo che ci sono voluti molti anni per ideare, progettare e assemblare questo dispositivo prima di poterlo introdurre sul mercato. Sai anche che sviluppare qualsiasi cosa dall'inizio—sia essa una singola cellula o una semplice idea—richiede in genere moltissimo tempo per portarla a termine. Il fattore tempo non sminuisce il genio che l'ha sviluppata, ma è così che funzionano le cose. Non esistono formule magiche che possano sostituire la dedizione e il duro lavoro.

Però spesso una cosa tira l'altra. A volte le invenzioni più importanti nascono per caso o richiedono più collaudi ed errori rispetto alle previsioni. Edison ha visto fallire mille esperimenti prima di inventare la lampadina elettrica. Alla domanda su come l'avesse realizzata, ha negato qualsiasi riferimento al fallimento. Ha semplicemente detto che l'invenzione ha richiesto mille fasi. Si trattava di dover passare attraverso ciascuna di esse—un passo dietro l'altro, fino a raggiungere l'obiettivo. Lo stesso vale anche quando questo è nelle mani di Dio.

Nonostante i dodici secoli trascorsi tra la pubblicazione dell'Antico e del Nuovo Testamento, il cristianesimo utilizza l'Antico Testamento per difendere le sue tesi contro l'evoluzione. Alla tua mente del XXI secolo sembra logico che Dio avesse potuto creare il cielo e la Terra in soli sette giorni? Nella storia di Adamo e di Eva, con tutte le sue incongruenze, troviamo tutte le tradizioni della generazione biblica. Trenta secoli dopo è ancora ampiamente accettato che Dio ha creato Adamo a Sua immagine e somiglianza, e poi, ripensandoci un po' su, ha creato Eva dalla costola di Adamo solo per tenergli compagnia. Perché non il contrario? Perché Eva non è stata creata per prima, per poi farle partorire Adamo? In fondo, Dio ha disegnato il corpo femminile proprio a questo scopo. Inoltre, la rivisitazione contemporanea di questa storia potrebbe essere fortemente messa in discussione rispetto alla percezione del ruolo della donna nella società—una visione che da sempre ha fissato i parametri ancora esistenti. Ci si potrebbe anche chiedere perché le due persone che Dio ha creato innocenti furono poi punite da Lui per aver mangiato il frutto dell'Albero della Conoscenza, quando prima di farlo non erano in grado di distinguere il bene dal male. Non è così che fanno i bambini quando i genitori dicono loro di non fare qualcosa? Lo fanno comunque.

In tali circostanze, perché un Dio giusto e amorevole darebbe la colpa ai Suoi figli, punendo senza pietà loro e tutti i discendenti per un'innocente trasgressione? Così come Dio ha inflitto la Sua giustizia a chi crediamo essere stati il primo uomo e la prima donna, la pena eterna dell'uomo sarebbe il dover lavorare la terra e provvedere al sostentamento della famiglia, mentre quella della donna sarebbe soffrire per i dolori del parto e di desiderare il marito che, a sua volta, la dominerebbe per sempre. Per entrambi e per le generazioni a venire, significa anche una pena peggiore—la perdita dell'immortalità. Sarebbe un clamoroso understatement dire che questa punizione pesa molto più del crimine commesso—a meno che la storia non sia altro che un'allegoria.

La storia della Torre di Babele ha spiegato in termini estremamente fantasiosi come sia accaduto che i popoli della Terra abbiano iniziato a parlare varie lingue piuttosto che una sola. Esistono numerose interpretazioni della storia, ma praticamente tutte si basano sulla convinzione che i popoli dell'era post-diluviana decisero di costruire una torre per raggiungere Dio. Tuttavia, agli occhi di Dio avevano troppo potere, quindi li disperse su tutta la Terra e li separò ulteriormente impedendo loro di comunicare. Presa alla lettera, la storia richiederebbe un notevole sforzo di fede per accettare che interi popoli potessero credere che costruendo una torre sufficientemente alta potessero raggiungere Dio.

Le domande sono tante, le risposte sono poche...

L'obiettivo principale della Bibbia era quello di inviare un messaggio fondamentale a una vasta popolazione, ma in una maniera tale da renderlo semplice ed entusiasmante, affinché venisse tramandato attraverso le generazioni. Dio sapeva che i suoi lettori erano praticamente al 100% maschi, poiché alle donne, sebbene venerate per il loro ruolo tradizionale all'interno del nucleo familiare, non era permesso avere un'istruzione che comprendesse il saper leggere. Quindi, se la Bibbia fosse stata scritta in modo da raffigurare le donne al pari degli uomini, avrebbe indignato i suoi lettori maschi, riducendo a zero la sua credibilità.

Dio ha inoltre trovato appiglio nella mentalità dei genitori, che inevitabilmente indottrinano i propri figli perché, proprio come hanno fatto loro alla morte dei genitori, possano rivivere attraverso la progenie, perpetuando il ciclo della vita. Così i genitori insegnano ai loro figli tutto ciò che sanno e tutto ciò che ritengono essere vero e importante. La materia per eccellenza è la religione, ed è questo il motivo per il quale il nostro sistema di fede spesso è lo stesso di quello dei nostri genitori. Chi nasce in una famiglia cristiana tende a venerare Dio da una specifica prospettiva ed è istruito a credere a quanto la chiesa insegna, proprio come avviene tra ebrei, musulmani, buddisti, ecc.

Delle tre religioni abramitiche, la religione ebraica è la più universale e flessibile grazie alla Legge Orale, che consente alla Bibbia di non rimanere stagnante e obsoleta. Favorendo il costante dibattito e mettendo in discussione ogni aspetto della Bibbia, gli ebrei rendono l'antico testo sempre più interessante e i suoi principi molto più semplici da seguire. Mentre il cristianesimo richiede ai suoi seguaci di fare un atto di fede e non esprimere mai dubbi, l'ebraismo insegna a mettere in discussione tutto, Dio compreso.

Un classico racconto sull'aggiornamento della legge talmudica vede tre rabbini impegnati in un acceso dibattito su una questione controversa. Il rabbino Meyer insiste che il suo punto di vista è quello giusto, mentre gli altri due rabbini controbattono con altrettanta veemenza. Alla fine, il rabbino Meyer dice: "Vedete quell'albero laggiù? Se ho ragione, quell'albero si sposterà cento metri a sinistra". Schiocca le dita e subito l'albero si sposta. Nonostante ciò che hanno visto, gli altri due rabbini dicono di non credere alla magia—e che quanto ha fatto il rabbino Meyer non è altro che un trucco. Ignorando il severo commento, il rabbino Meyer continua. "Non mi credete? OK. Se ho ragione, le pareti della sinagoga si inclineranno di quarantacinque gradi".

Schiocca le dita e, immediatamente, le mura si inclinano di quarantacinque gradi. Gli altri scuotono la testa dallo stupore, ma insistono di non essere ancora convinti. Ormai il rabbino Meyer è furioso. "OK, se ancora non vi basta, farò scendere Dio in persona, così vedrete che ho ragione".

All'improvviso, una voce tuona dall'alto: "Qui è Dio che parla. Vi ordino di dare ascolto a mio figlio, il rabbino Meyer. Ha ragione lui".

Contestando con veemenza la Parola di Dio, uno dei rabbini offre la sua tesi: "La Torah non è in cielo, ma qui sulla Terra e

afferma chiaramente che, in caso di disaccordo, vince la maggioranza. Io e il rabbino Meltzer qui siamo la maggioranza. Così funziona la legge".

A quel punto, resosi conto che i fatti sono dalla sua parte, ma
la legge non lo è, il rabbino Meyer va su tutte le furie. Si dice che,
come atto di protesta, abbia perfino cambiato religione. Questa
storiella dimostra il potere della Bibbia e l'importanza di interpre-
tarla correttamente. Alla fine, la maggioranza vince. Questa è la
democrazia in azione. Ed è anche il Talmud.

Tempo fa a Berdichev, una comunità ebraica in Crimea, sulle
rive del Mar Nero, la gente moriva di fame. Il rabbino della sinagoga, Itzak, era furioso con Dio per aver permesso che una tale
catastrofe accadesse sotto i suoi occhi, quindi portò Dio in tribunale e presentò il suo caso al giudice. "Nella Bibbia è scritto
che dobbiamo servire Dio, cosa che facciamo ogni giorno della
nostra vita. Preghiamo, viviamo osservando i Dieci Comandamenti, facciamo tutto ciò che Egli ci dice di fare... e guardi come
stiamo messi. Il nostro popolo è malato e sta morendo per mancanza di sostentamento. La Bibbia afferma chiaramente che i
proprietari di schiavi sono tenuti ad alimentarli in modo che
non soffrano di malnutrizione né muoiano di fame. Per questo,
Vostro onore, citiamo in giudizio Dio. Ci ha ordinato di essere
Suoi servi, eppure non si prende cura di noi. Stiamo morendo
di fame".

Il giudice si rivolse a Dio con sguardo accusatorio: "Dio, tu
sei chiaramente in torto. La tua gente ha onorato l'impegno a ser-
virti, ma non ti sei preso cura della loro salute e del loro benessere.
Ti ordino di rimediare a questo terribile torto. Dai subito da man-
giare alla tua gente".

Il giorno dopo, arrivò al porto di Berdichev un'enorme nave carica di cibo sufficiente per sfamare tutta la città per molto tempo a venire. Dio aveva perso la causa in tribunale e fu obbligato a rimediare senza alcun indugio. Questo è il potere della legge biblica.

Credere ciecamente alla Parola di Dio com'è scritta nella Bibbia limita i nostri orizzonti, riduce il nostro potenziale e ci trasforma in robot senza un proprio cervello. Ma quando mettiamo in discussione Dio, Egli riconosce la nostra saggezza e si fida del nostro libero arbitrio, sapendo che ci regoleremo di conseguenza. Dio non ha paura di essere messo in discussione, perché conosce tutte le risposte ed è ben disposto a condividerle per il bene dell'umanità. Ciò spiega perché evolviamo costantemente in creature più intelligenti e complete. Non è logico che Dio ci abbia progettato così?

Oggi poche persone al mondo hanno più influenza su miliardi di cristiani del carismatico leader del mondo cattolico, Papa Francesco. Le vedute aperte del Pontefice riflettono la semplice filosofia che tutti gli esseri umani sono fratelli e sorelle, a prescindere dalla loro fede religiosa. Se potesse approvare di persona il contenuto di questo libro, o giungere a questa conclusione grazie a un suo consigliere, non dovrebbe far altro per convincere i suoi seguaci della sua importanza e salutarli dal balcone del Vaticano e dire: "Leggete il libro *L'evoluzione di Dio*. Lo dichiaro nuovo complemento alla nostra Sacra Bibbia". Un po' troppo ambizioso, forse, ma chi può dire che non sarà considerato così—quanto tempo ci vorrà per riavvolgere la mente dell'uomo e liberarla da oltre 2.000 anni di intoccabili dogmi religiosi?

Il Nuovo Testamento è stato scritto 1.200 anni dopo la Bibbia originale, quindi la sua percezione di Dio e dell'etica umana è ovviamente più avanzata. Se una delle versioni fosse scritta oggi, sarebbe ancora più diversa. Il cattolicesimo non aggiorna la Bibbia come fa l'ebraismo, ma di tanto in tanto riunisce un consiglio ecumenico di esperti teologi e studiosi ecclesiastici per discutere e votare emendamenti alla dottrina e alla pratica della fede. Il consiglio del 1963, poco dopo che Papa Paolo VI successe a Giovanni XXIII, ha preso in esame la responsabilità ebraica nell'uccisione di Gesù Cristo. Il Cardinale di Boston, Richard Cushing, sollecitò che il consiglio passasse un emendamento che assolvesse gli ebrei, sostenendo che a quei tempi non erano consapevoli della divinità di Cristo. Questo è un ottimo esempio di come la Chiesa Cattolica aggiorni occasionalmente la sua dottrina, rimanendo tuttavia legata al suo sistema di fede. Un tale sistema potrebbe anche essere istituito dalla leadership attuale di ogni chiesa cristiana (Battista, Metodista, Presbiteriana, Episcopale, Mormone, ecc). Potrebbero convocare, per esempio, una riunione bicentenaria allo scopo di esaminare i problemi che dividono la chiesa, in particolare alla luce di nuovi progressi, scoperte e cambiamenti sociali. Nel frattempo non verrebbe apportata alcuna modifica tranne, forse, in caso di particolari ritrovamenti o scoperte troppo importanti per essere ignorati. Ma ogni problema importante dovrebbe trovare terreno di discussione. In un simile scenario, i bambini possono essere liberi, finanche incoraggiati, a studiare le scienze e magari sceglierle come carriera futura. Poiché abbiamo visto che Dio riconosce i propri errori, perché ai Suoi figli non dovrebbe essere consentito altrettanto?

Gli episodi della Bibbia hanno come obiettivo quello di illuminare e ispirare, ma nel tempo molti sono stati rovinati per lasciare spazio a un particolare pregiudizio o a interessi particolari.

Un esempio ben documentato sono i raggi di luce emanati dalla testa di Mosè quando scese dal Monte Sinai dopo aver incontrato Dio. Questa è l'immagine esatta del Mosè scolpito da Michelangelo nel 1513-15 e conservata nella basilica di San Pietro in Vincoli di Roma.

Nell'Esodo 34:29 Mosè è descritto raggiante in viso mentre porta giù dalla montagna le due tavole dei comandamenti. Il termine ebraico per "luce" (qaran) può però essere tradotto anche "corno" ed è stato erroneamente utilizzato nel corso degli anni per far credere ai più ignoranti che gli ebrei hanno veramente le corna—il che, nelle loro menti ristrette, ha reso gli ebrei sinonimo di Satana.

In America abbiamo un problema la cui base non è esattamente nella dottrina religiosa, ma nell'istruzione dei figli. La maggior parte dei genitori di oggi non riesce a incoraggiare i figli a studiare le scienze. Non molto tempo fa gli studenti statunitensi si sono sempre ritrovati al primo posto nel mondo, mentre ora la posizione globale è scivolata drasticamente a un imbarazzante 27° posto. I sudcoreani, invece, che studiano il Talmud a casa e a scuola, hanno raggiunto il primo posto che abbiamo facilmente lasciato libero qualche anno fa. Tutti sanno che al nostro paese servono scienziati. Il futuro di tutto il mondo dipende dalla scoperta scientifica e dai progressi tecnologici. L'iPhone, i lettori elettronici, i computer portatili e internet sono solo alcuni esempi di come la tecnologia abbia cambiato la nostra vita, influenzato la nostra cultura, reso la vita più facile, ampliato i nostri orizzonti, spinto la nostra economia e reinventato i nostri mezzi di comunicazione—che sono la chiave del nostro futuro. La nanotecnologia non sarà da meno e anche la medicina sta attraversando una rivoluzione tecnologica, così come l'industria dell'intrattenimento.

Tra cento anni, considerando l'attuale velocità del progresso, la nostra cultura sarà completamente trasformata, appena riconoscibile agli occhi del XXI secolo.

Basandomi sulla mia ricerca della ragione, consiglio vivamente alla società contemporanea di abbandonare il suo antiquato sistema di fede. È giunto il momento di rimuovere le barriere dell'apprendimento da scuola materna per poter ampliare le conoscenze e cominciare finalmente ad accettare il mondo secondo le sue condizioni. Non riesco a capire perché la comunità religiosa continui a spendere milioni di dollari ogni anno diffondendo le sue idee ormai superate, bloccando sempre di più i suoi seguaci nel loro stile di pensiero primitivo e ostacolando la loro naturale crescita. Di contro, la verità, spiegata così facilmente nel XXI secolo, offre un'enorme opportunità di espansione, pur non sminuendo la credibilità della loro fede. Se venisse data loro la possibilità, tutti, anche i credenti più rigidi, presto comincerebbero a capire e ad accettare che la Bibbia è stata scritta per una determinata epoca e un determinato luogo e che ormai è giunto il momento per rivisitarla e sincronizzarla con la mentalità attuale. Chi con tanto fervore spinge lo studio della Bibbia nelle scuole nazionali avrà un valido motivo per rivalutare questa missione e magari potrà utilizzare il suo tempo per perseguire obiettivi più degni di questi sforzi. Alla fine, un punto di vista più aperto e flessibile potrebbe perfino attirare una nuova ed immensa generazione di ardenti credenti.

La scienza ha dimostrato molte volte che l'evoluzione non è solo una teoria, infatti può essere ben dimostrata; le sue prove sono intorno a noi, sempre e dovunque. Quindi è giunto il momento di piantarla di mettere sul tavolo la tesi, sempre più debole, della verità assoluta della Bibbia e di cominciare a riconoscere la realtà dura e cruda. *L'evoluzione di Dio* offre la sua tesi per il bene dell'umanità e della sua sopravvivenza.

Poiché non vedono conflitti tra scienza e religione, gli ebrei sfruttano il costante dibattito tra le due discipline. Quando capiremo perché la Bibbia è stata scritta in quel modo e che la Legge Orale esiste per modificare e aggiornare il testo antico, non c'è ragione per continuare la discussione. L'Università Bar-Ilan al momento vanta 36.000 iscritti, tutti religiosi, ma immersi nello studio della scienza. Senza alcun conflitto.

La nuova facoltà di medicina è stata inaugurata lo scorso anno in Galilea e il Primo Ministro Benjamin Netanyahu ha partecipato alla cerimonia. La maggior parte della popolazione ebraica in Israele vive a Gerusalemme, Tel Aviv e Haifa, la prestigiosa facoltà è stata costruita in Galilea, prevalentemente araba, per attirare un numero maggiore di ebrei in questa zona. Nonostante gli infiniti tentativi di eliminazione del popolo ebraico—provano a condannarci all'estinzione—siamo qui vivi e vegeti. E dal momento che ci siamo, possiamo far brillare una luce in questo mondo oscuro e fornire all'intera popolazione di diverse discipline religiose un posto sicuro e illuminato.

Ogni religione crea la sua realtà. Nel caso del fondamentalismo, essa è da tempo la verità assoluta della Bibbia. In questa disciplina non c'è spazio per dubbi o incertezze, cambiamenti o aggiornamenti, domande o equivoci. Se consideriamo che l'alternativa potrebbe causare il caos tra i fedeli, questa posizione in bianco e nero è assolutamente logica. E ha funzionato perfettamente nell'arco dei secoli—quando la scienza muoveva i primi passi e non aveva ancora scoperto la vera natura e struttura dell'universo.

In quei tempi, poiché non c'era alcuna conoscenza concreta della scienza, non c'era anche alcuna base per il conflitto. In
seguito, però, il crescente numero di prove scientifiche cominciò
a scatenare polemiche e spinse i leader religiosi a trovare una tesi
valida a difesa degli insegnamenti biblici. Le due opzioni erano
ovvie: 1) giustificare la loro posizione incerta o 2) spiegare perché
la Bibbia sia stata scritta così com'è e perché contrasta così nettamente con la scienza. Optando per la prima, i fondamentalisti
hanno scelto di perpetuare un falso secolare, piuttosto che rivelare
la verità. E la semplice verità rimane che la Bibbia è stata scritta
per le menti semplici dell'epoca, affinché si legassero per sempre
al Dio della Bibbia, tramandando la fede alle generazioni a venire.

Ma non tutti gli evangelisti la pensano allo stesso modo.
Elaine Howard Ecklund della Rice University ha svolto uno studio
che ha rivelato che quasi il 50% dei cristiani evangelici ritiene che
scienza e religione possano lavorare insieme su obiettivi comuni.
A supporto di questa tesi, Jim Tetlow, nel suo *101 Scientific Facts &*
Foreknowledge (opuscolo allegato al premiato DVD "A Question
of Origins"), fornisce esempi di fenomeni scientifici previsti nella
Bibbia che non sono stati scoperti se non molti anni dopo la loro
scrittura. Insieme, creano una tesi convincente per l'incontro e la
co-dipendenza del pensiero scientifico e religioso. Ad esempio,
fin dall'inizio, la frase che Dio dice "Sia la luce!" (Genesi 1:1-3)
spiega l'universo in termini di tempo, spazio, materia ed energia.
La Genesi 2:1-2, secondo il primo principio della termodinamica,
indica che la quantità totale di energia e materia dell'universo è
una costante. La Genesi 2:7: e 3:19 descrive l'uomo creato dalla
polvere della terra, che in seguito si è rivelato essere vero, infatti
il nostro organismo è costituito da oligoelementi presenti nella

terra. Il Libro di Giobbe 26:7 descrive il pianeta sospeso libero nello spazio, soggetto solo alla gravità. Giobbe 38:24 allude alla luce come divisibile. E il persuasivo elenco va avanti da lì.

Il 14 maggio 2014 il pastore Jim Mumme ha pubblicato un articolo sul sito www.trivalleycentral.com sul tema del creazionismo e della scienza, esprimendo in parte la sua plausibile tesi come segue:

> Dal momento che l'uomo non può trasformare l'energia in materia, ma può trasformare la materia in energia, ci deve essere una fonte di energia che ha prodotto la materia originale. Pensare che l'universo si sia creato da solo è assurdo, perché sarebbe dovuto esistere prima di farlo. Inoltre, se Dio ha creato la luce dal nulla, tenendo presente che uno dei Suoi attributi è la Luce, anche questo è assurdo, perché renderebbe Dio pari al nulla.

Considerando che sono ormai passati 3.300 anni dalla scrittura del Vecchio Testamento e 2000 anni da quella del Nuovo Testamento, si fa urgente la necessità di fornire ai popoli del XXI secolo un Terzo Testamento aggiornato. Senza di esso, una grossa percentuale del mondo civilizzato continuerebbe ad accettare la falsa tesi che la terra è il centro dell'universo e che il sole e le stelle sono state create solo per noi. Nonostante la prova irrefutabile che siamo solo un puntino in un universo di galassie a migliaia di anni luce da noi e che siamo limitati dalla velocità della luce e delle onde radio—186.000 miglia al secondo (300.000 km al secondo)—nei nostri tentativi di raggiungerle. Poiché la società contemporanea è molto più consapevole del nostro universo e del nostro rapporto con esso, siamo completamente in grado di sollevare la religione allo stesso livello. Così si aprirebbero le menti di milioni di persone che sono senz'altro intelligenti e istruite, ma appaiono comunque fuori dalla realtà e persino ignoranti quando parlano delle loro credenze religiose.

Nel suo libro *Dio alla ricerca dell'uomo* (Farrar, Straus & Giroux, 1976), lo studioso ebreo americano Abraham Joshua Heschel (1907-72) scrive:

> È consuetudine biasimare la scienza laica e la filosofia anti-religiosa per l'eclissi della religione nella società moderna. Sarebbe più onesto biasimare la religione per le proprie sconfitte. La religione è calata non perché è stata confutata, ma perché è diventata estranea, monotona, opprimente, insulsa. Quando la fede viene sostituita dal credo, l'adorazione dalla disciplina, l'amore dall'abitudine; quando la crisi di oggi viene ignorata per lo splendore del passato; quando la fede diventa un cimelio piuttosto che una fonte di vita; quando la religione parla solo in nome dell'autorità e non con la voce della compassione—il suo messaggio diventa insignificante.

Fuori dall'oscurità sta per avvenire una rinascita—un'alleanza pacifica tra scienza e religione. Unendo le forze e miscelando le due discipline, potremo annunciare una fantastica nuova era dell'illuminazione, che persisterà nel futuro finché l'uomo sarà in grado di arrivarci con la sua immaginazione.

Questa è *L'evoluzione di Dio*.

EPILOGO

È nel nostro DNA

Le famiglie tendono a tessere un filo comune attraverso le generazioni. Nella mia famiglia, quel filo ha assunto la forma di un solido legame tra due fazioni eterogenee: religione e scienza.

Più di 200 anni fa, il mio trisnonno di nona generazione, il rabbino Schneur Zalman di Liadi, autore del *Tanya*, (1797) ha scritto: "Le creature sono divise in due categorie generali e particolari per cambiamenti nelle combinazioni, nelle sostituzioni e nelle trasposizioni" delle lettere dell'alfabeto ebraico, ognuna delle quali, secondo i mistici insegnamenti della Cabala, ha il potere della creazione di ogni organismo vivente. (Shaar Hayichud Vehaemunah, Capitolo 12) In qualità di scienziato religioso e pensatore razionale, è giunto a questa preveggente deduzione un secolo e mezzo prima che gli scienziati Francis Crick e James D. Watkins "scoprissero la struttura molecolare degli acidi nucleici e l'importanza nel trasferimento dell'informazione genetica nella materia vivente". La scoperta scientifica di Watkins e Crick è stata considerata talmente rivoluzionaria e talmente essenziale per la comprensione dello sviluppo umano, che è stato loro conferito il Premio Nobel 1962 per la fisiologia o la medicina. Di contro, l'interpretazione metafisica del mio tri-snonno della medesima conclusione gli ha conferito il titolo di *Alter Rebbe* all'interno della comunità chassidica e una posizione di prestigio nella sua storia personale.

Nato il 4 settembre 1745 nella piccola città di Lionza, nella Russia imperiale—oggi Bielorussia—Schneur Zalman era il pro-nipote del mistico rabbino e filosofo Judah Loew e il più giovane discepolo del rabbino Dovber di Mezeritch, successore del fonda-tore del Chassidismo, il rabbino Yisroel ben Eliezer—il mitico Baal Shem Tov. Considerando il suo DNA, non c'è da meravigliarsi che il mio stimato antenato abbia mostrato una straordinaria intel-ligenza fin da bambino. A soli otto anni già scriveva commenti esaurienti sulla complessa dottrina ebraica.

A quindici anni, dopo aver sposato Sterna Segal, figlia di un ricco uomo di Vicebsk, il giovane ricercatore ha potuto dedicarsi a tempo pieno allo studio. Oltre ad essere esperto di letteratura rab-binica, ha imparato filosofia, matematica, geometria e astronomia dai suoi due fratelli, uno dei quali studente di Cabala. Come stu-dioso del Talmud e rabbino ortodosso, ha ambito a raffigurare la Cabala e il Chassidismo da una prospettiva razionale, scegliendo il nome Chabad (l'acronimo ebraico per degli attributi intellet-tuali) e mettendosi a capo del suo movimento.

Come fondatore e primo leader del movimento Cha-bad, attivo tutt'oggi, il mio antenato ha scritto la sua opera più famosa—un'esposizione sistematica della filosofia chassidica. In seguito alla venerazione del libro tra gli studiosi della Torah, ha ottenuto il titolo di Baal HaTanya (l'autore del *Tanya*). Questo testo religioso illustra il punto di vista del rabbino su spiritualità e psicologia attraverso la prospettiva di un cabalista—che osserva l'influenza dell'intelletto sul cuore e sulle emozioni. Spiegando in modo chiaro i più complessi concetti della legge della Torah, della "unicità di Dio" e altri concetti mistici, li ha resi accessibili a un pubblico molto più vasto.

Come dice il rabbino Adin Stensaltz nel secondo volume di *Learning from the Tanya* (Jossey-Bass, 2005), il tema centrale del *Tanya* è "la creazione di una concezione originale dell'ideale a cui si deve aspirare", quindi né buona né cattiva, ma rappresenta "l'incontro continuo tra i due componenti dell'animo umano: l'animale e il divino". Una parte attira l'individuo "in basso verso la terra" mentre l'altra tira verso l'alto. Il conseguente conflitto interiore deriva dallo "sforzo di educare tutte le parti dell'animo umano ... finché le loro aspirazioni si fondono con quelle dell'animo divino, in modo che si raggiunga uno stato di perfetta armonia tra corpo e anima, il terreno e il divino". Ciò che rende il messaggio del *Tanya* così immediato è l'accessibilità di questo stato esaltato per chiunque voglia "impegnarsi nella lotta".

> Invece questa parola è molto vicina a te; è nella tua bocca e nel tuo cuore, perché tu la metta in pratica.
>
> (Deuteronomio 30:14)

Oltre al *Tanya*, il grande rabbino di Liadi è famoso per aver scritto il *Shulchan Aruch HaRav* e il *Siddur Torah Or*, che anche nel XXI secolo restano estremamente importanti.

Ispirato fin dall'infanzia dagli insegnamenti spirituali dei miei antenati e dalla loro passione per la ricerca intellettuale, sarò sempre grato a loro per il mio DNA.

AGGIORNAMENTO E UN BARLUME DI SPERANZA...

Più tempo passo ad aggiornare questo libro, più profondo sembra il divario sull'argomento Dio, religione e scienza. Libri, articoli, dibattiti, blog, video, filippiche e un'infinità di tweet e retweet da qualsiasi angolazione continuano a proliferare senza speranza di concessioni.

Con un'unica, importante eccezione—e spero ne seguano molte altre.

Quando Papa Francesco è comparso davanti alla Pontificia Accademia delle Scienze nell'ottobre 2014, ammettendo di credere nell'evoluzione e nel Big Bang, tutti i giornali da New York a Washington, Sydney e oltre hanno iniziato a pubblicare articoli sbalorditivi come quello di Chris Mooney, pubblicato il 5 gennaio 2015 nel *Sydney Morning Herald*: "Il Pontefice pro-scienza: Papa Francesco sul cambiamento climatico, l'evoluzione e il Big Bang". Tutti questi articoli riportano le parole di Papa Francesco: "L'evoluzione nella natura non contrasta con la nozione di Creazione, perché l'evoluzione presuppone la creazione degli esseri che si evolvono". Ha inoltre affermato che il Big Bang "si pone all'origine del mondo" e che "non contraddice l'intervento creativo divino". Galileo ne sarebbe lieto, per non dire scagionato.

Resta da vedere come la posizione del pontefice influenzerà la dottrina della chiesa, in particolare tra i fondamentalisti cristiani, che possono essere preoccupati, anche se eccessivamente, che qualsiasi modifica al loro sistema di fede, vecchio 2.000 anni, indebolirebbe lo scenario sacro su cui fondano la loro fede.

Passando a un argomento diverso, ma sempre correlato, recenti articoli hanno citato prove scientifiche che rafforzano più che mai la "teoria del pianeta eletto", che ho trattato nel capitolo 21.

In un articolo pubblicato il giorno di Natale 2014 nel *Wall Street Journal*, Eric Metaxas ha illuminato i social media come l'enorme abete del Rockefeller Center. L'articolo di Metaxas, dal titolo "La scienza perora la causa di Dio", fa riferimento a una storia di copertina del *TIME* del 1966, in cui Carl Sagan annunciò i due criteri fondamentali affinché ci sia vita su un pianeta: 1) il tipo giusto di stella, e 2) il pianeta deve stare alla giusta distanza da quella stella. Sulla base di questa teoria, Metaxas afferma che su "più o meno un quadriliardo—1 seguito da 24 zeri—di pianeti nell'universo, dovrebbero essercene stati circa un settiliardo—1 seguito da 21 zeri—in grado di consentire la vita". Ma nel quasi mezzo secolo trascorso dalla pubblicazione dell'articolo di Sagan, la conoscenza dell'universo è notevolmente aumentata, e il numero di pianeti su cui si potrebbe potenzialmente vivere è crollato di conseguenza. Metaxas è dalla parte di Dio quando cita la mancanza di prove a supporto della scienza. "Poiché continuavano ad essere scoperti elementi, il numero di pianeti probabili è sceso a zero. In altre parole, le probabilità hanno girato a sfavore della vita su qualsiasi pianeta dell'universo, compreso il nostro. Secondo le probabilità, nemmeno noi dovremmo essere qui".

Un articolo del *Gospel Herald* del 29 dicembre 2014 e firmato da Shawn Schuster ha per titolo "Gli scienziati atei che si rivolgono a Dio come scienza dimostrano sempre più il Suo progetto intelligente", e tratta gli stessi argomenti di Carl Sagan e Metaxas, giungendo alla medesima conclusione. "Oggi sono più di 200 i parametri noti affinché ci possa essere vita su un pianeta, ognuno dei quali deve essere assolutamente soddisfatto oppure crolla tutto. Se non avessimo un enorme pianeta come Giove, la cui gravità mantiene distanti gli asteroidi, mille di questi colpirebbero la superficie della Terra. Le probabilità che non ci sia vita nell'universo sono semplicemente sorprendenti".

Con nuove e importanti scoperte e conclusioni pubblicate su base sempre più costante, alcune vecchie tesi pro e contro l'evoluzione sono destinate a essere modificate e altre ancora sono destinate alla pattumiera della storia.

L'AUTORE

In perfetto equilibrio tra scienza e religione, l'autore ha una visione tutta sua sul continuo scontro tra darwinismo e creazionismo.

Nato e cresciuto a Gerusalemme, Michael Bash fin da giovane ha dimostrato un forte interesse per la teoria religiosa e ha studiato la Bibbia, il Talmud e Rashi.

Nel corso degli anni Michael ha seguito la sua passione. I suoi studi hanno incluso il Creazionismo e il Progetto Intelligente, insieme a varie altre discipline rivolte al cristianesimo.

Bash sta scrivendo nuovi articoli per il suo sito web www.evolutionbygod.com, sul quale intende approfondire come determinate applicazioni della scienza e della tecnologia possano fornire spiegazioni razionali per la probabile esistenza di un Dio personale capace di esaudire milioni di preghiere simultaneamente. Da migliaia di anni la questione di come le preghiere possano essere esaudite lascia perplessi anche i più grandi studiosi di religione!

CENNI SUL PROSSIMO LIBRO DI MICHAEL BASH, THE REZONING

Nel mio primo libro, ho condiviso intuizioni e osservazioni dal mio punto di vista spirituale e scientifico. Il mio prossimo libro, *The Rezoning*, rivela le strategie e le tecniche che ho utilizzato nel corso degli ultimi cinquant'anni, e che reputo responsabili del mio successo come uomo d'affari ed essere umano.

Se applicato al settore immobiliare, una licenza di variazione d'uso consente la riclassificazione di un immobile, rendendolo soggetto a un insieme di regole e norme urbanistiche più appropriate. Nella mia professione, mi ha permesso, ad esempio, di costruire venti appartamenti su un ettaro di terreno che era stato precedentemente destinato a una villa unifamiliare. Facendo questa piccola operazione il valore è automaticamente aumentato dieci volte—cioè del mille per cento. In questo modo il valore del terreno, pari a 100.000 dollari per una destinazione, è salito a un milione di dollari nel momento in cui è stata approvata la variazione di destinazione d'uso e ho realizzato diverse unità abitative.

Uso l'esempio che segue per illustrare la semplicità con cui funziona la variazione d'uso: Immagina di avere appena acquistato una nuova Cadillac per 80.000 dollari. Vengo a trovarti e, con un tocco della mia bacchetta magica, trasformo in un attimo la tua Cadillac in una fiammante Bentley da 200.000 dollari. Questo è l'incredibile potere della variazione d'uso e della sua capacità di ottenere immediatamente notevoli profitti.

La prima volta che mi sono imbattuto in questo fenomeno è stata nel 1963, all'età di 32 anni, quando ho fatto fruttare 1.500 dollari, trasformandoli in un milione di dollari—il mio primo milione, a cui sono seguiti molti altri. Non dimenticare che 1963 vuole dire mezzo secolo fa e che un milione di dollari in quegli anni equivalevano a circa quindici milioni di oggi.

Il primo capitolo di *The Rezoning* descrive come ho accumulato quei primi milioni di dollari utilizzando questo procedimento.

Negli anni successivi, sono diventato sempre più esperto e ho iniziato ad applicarlo ad ogni aspetto della mia vita—opportunità di business, personali e sociali. Di conseguenza, ho rinvigorito la mia salute fisica ed emotiva, arricchito le mie relazioni, condotto un'esistenza equilibrata e soddisfacente e, man mano che andavo avanti, ho acquisito una certa serenità.

Ho perfino trasformato il mio matrimonio: da che eravamo una coppia media con aspettative normali, è diventata un'unione di due persone che si amano profondamente, con la sicurezza e le comodità di una vita ricca e lussuosa.

Nel Capitolo Due di *The Rezoning* offro un esempio di come ho sfruttato la variazione al di fuori del settore immobiliare. Nel 1979 ho incontrato per caso il magnate dei media Rupert Murdock nell'ascensore di un edificio di Manhattan e, nel giro di un'ora, ho negoziato l'acquisto di una sua rivista in cattive acque e gli ho consegnato un assegno di 100.000 dollari. Con questo investimento, piuttosto contenuto, sono riuscito in breve tempo a trasformare l'azienda in cui Murdock aveva già perso 12 milioni di dollari in un business redditizio.

Per illustrare il potere delle mie capacità di variazione, fornisco numerosi esempi basati su opportunità che hanno incrociato la mia strada—come sono riuscito a riconoscere il loro enorme potenziale per poi massimizzarlo in ogni modo possibile. Oltre alle mie molteplici iniziative immobiliari e al mio matrimonio, ho trasformato di tutto: una montagna, un castello, mucche da latte, riviste, un ricco bambino frustrato e la mia attuale e soddisfacente relazione personale, che è stata una variazione per entrambi.

La pubblicazione di *Rezone and Grow Rich* è prevista nel 2017.

Una volta letto per intero, sarai pronto ad applicare le mie tecniche. Poi non ci sarà più nulla che possa impedirti di cambiare di conseguenza la tua vita e viverla come prima avevi solo sognato fosse possibile.

Evolvi… Reinventa… Cambia…"Rezone"…

www.ingramcontent.com/pod-product-compliance
Lightning Source LLC
La Vergne TN
LVHW091217080426
835509LV00009B/1039